Markus Hollandt
Der Weg zur Million

Der Weg zur Million

Markus Hollandt

Ein Selbstversuch mit 500.000 Exemplaren.

Impressum

Bibliografische Information der Deutschen Nationalbibliothek:
Die Deutsche Nationalbibliothek verzeichnet diese Publikation
in der Deutschen Nationalbibliografie; detaillierte bibliografische Daten sind im Internet über http://dnb.dnb.de abrufbar.

Verlag: BoD · Books on Demand GmbH, In de Tarpen 42,
22848 Norderstedt, bod@bod.de

Druck: Libri Plureos GmbH, Friedensallee 273, 22763 Hamburg
ISBN: 978-3-8482-3259-8

Inhaltsverzeichnis

1. GRUNDLEGENDE GEDANKEN

Alleine in diesem Bereich des Buches gibt es so viel zu philosophieren, dass es schwierig ist, einen geeigneten Anfang zu finden. Warum hast du dir dieses Buch gekauft? Hat dich das Cover angesprochen oder das Thema. Willst du dich inspirieren lassen oder nur überprüfen, ob das hier funktioniert? Ich denke, dass der primäre Grund ist, dass du dir wünschst reich zu sein. Dieser Wunsch, denke ich zumindest, ist relativ normal. Es gibt viele Menschen, denen es egal ist, ob sie reich sind oder nicht. Zumindest sagen sie es. Ob es tatsächlich so ist, kann man nur vermuten. Mir ist es sehr wichtig. Nun gibt es Leute, die sagen, dass Geld nicht glücklich macht. Ich denke, dass jeder, der sich ein paar Gedanken macht, sehr wohl bestätigen kann, dass dies nicht der Fall ist. Seitdem Währungsmittel eingeführt wurden und damit der Tauschhandel beendet wurde, gibt es theoretisch für jeden Menschen die Möglichkeit Vermögen aufzubauen. Theoretisch, weil nicht jeden Menschen die gleichen Voraussetzungen geschenkt werden, aber da kommen wir später drauf zurück.

Wieso soll Geld nicht glücklich machen? Selbst wenn man davon ausgeht, dass die Aussage auf den reinen Besitz bezogen ist, so ist doch davon auszugehen, dass jeder Mensch glücklicher ist, etwas zu besitzen, als es zu vermissen. Wenn ich also etwas habe, dann bin ich von Natur aus glücklicher, als wenn ich es nicht habe. Wenn ich dazu noch mehr von etwas habe, als jemand anderes, dann macht mich die ganze Sache noch glücklicher. Ich denke, dass nahezu jeder diese Erfahrung schon gesammelt hat. Hierfür gibt es zwei ganz einfache Beispiele. Das erste ist die Aussage, dass die Früchte vom Nachbarn immer besser schmecken, als die eigenen und damit sind wir auch schon bei einer guten Überleitung zu dem zweiten Beispiel, beim Essen. Du kannst das beobachten, wenn du mit jemanden Essen gehst. Teilweise funktioniert das auch alleine, wenn die Auswahl groß genug ist. Du gehst in ein Restaurant und hast die Karte vor dir. Es gibt immer mehrere Gerichte, die dir schmecken, aber du musst dich zwangsläufig für eines entscheiden. Wenn nun aber dein Gegenüber beispielsweise ausgerechnet das Gericht bestellt, was du dir ggf. hättest auch bestellen wollen, dann kommst du nicht zwangsläufig drumherum dieses Gericht zu probieren. Warum tust du das? Weil du sicher gehen willst, dass du die richtige Wahl getroffen hast oder weil du zu habgierig bist und unbedingt beides probieren willst. Du kannst dich aber einfach nicht damit zufriedengeben, dass du nur dein Gericht isst. Genauso ist das zum Beispiel, wenn du in eine Eisdiele gehst, die du nicht kennst. Wenn du nicht der typische Vertreter von Schoko, Vanille und Erdbeere bist, sondern auch einmal über den Tellerrand hinweg schaust, dann willst du auch andere Sorten probieren. Wenn es aber so viele Sorten gibt, dass du sie nicht schaffst, dann wird dich die ganze Zeit dein Gewissen quälen, wie die anderen Sorten schmecken, die du nicht in deiner Waffel hast. Es ist einfach die Unzufriedenheit, die in uns steckt.

Bei dem Thema Geld kann man also durchaus davon ausgehen, dass es sich genauso verhält. Nur alleine der Besitz und das Wissen mehr zu haben, als jemand anderes beruhigt das Gewissen und macht in einen gewissen Grad glücklich und zufrieden.

Wenn wir uns nun aber überlegen, wie es weitergehend ist, dann stellen wir relativ schnell fest, dass diese Aussage auch nur zur Hälfte stimmt. Hier spielen mehrere entscheidende Faktoren eine Rolle. Gehen wir zum Beispiel von der Unzufriedenheit aus. Stell dir vor, du hast 50.000€. Theoretisch kannst du dich darüber freuen. Denn damit hast du 50.000€ mehr, als die meisten anderen Menschen. Wie viele Leute gibt es aber, die noch viel mehr Geld haben. Dann fängst du automatisch an darüber nachzudenken, warum du nur 50.000€ hast und die anderen mehr haben. Schwupps, schon bist du wieder unglücklich.

Weiterhin ist es doch so, dass wenn du 50.000€ hast und diese in Scheinen bei dir Zuhause liegen, dann kannst du dich zwar jeden Tag daran erfreuen, aber was hast du davon, wenn das Geld bei dir Zuhause herum liegt. Richtig, nicht viel.

Was also damit machen? Genau, ausgeben. Und schon befinden wir uns wieder in den Punkten von vorhin. Du kannst dir etwas davon kaufen, dich temporär glücklich machen, bis du feststellst, dass es immer mehr Möglichkeiten gibt, die dich letzten Endes unglücklich machen. Es wäre aber töricht zu behaupten, dass das zwangsläufig so sein muss. Immerhin gibt es genügend

Möglichkeiten sich zu konditionieren. Was meine ich damit? Diese dummen Angewohnheiten, wie ich vorhin erwähnt habe, sind Gedanken in unseren Köpfen, die aus unseren Urzeiten stammen und durch die heutige Konsumgesellschaft wunderbar gefördert werden. Egal, wo man hinschaut oder hinhört. Überall ist Werbung, überall will irgendjemand irgendetwas verkaufen. Und das machen sie natürlich nicht, weil du das unbedingt brauchst, sondern, weil sie wissen, dass du aufgrund deiner Triebe so ausgelegt bist, dass du lieber hamsterst, als dir hinterher Gedanken darüber zu machen, wie es wäre, wenn du etwas haben könntest. Das ist auch irgendwo verständlich, denn jeder, der irgendwo die Möglichkeit hat Geld zu machen, der macht es auch. Man wäre ja auch schön dumm, wenn man das nicht tun würde. Warum machen wir das aber nicht? Also warum mache ich das nicht? Wieso machst du das nicht? Sind wir zu dumm dazu oder andere einfach nur zu schlau? Wie oft habe ich mir diese Frag gestellt. Woran liegt es, dass andere Menschen mit teilweise so dummen Ideen Geld verdienen und ich nicht. Dumme Ideen habe ich auch genug. Fehlt mir die Ausbildung? Habe ich nicht die Möglichkeiten oder die Mittel dazu. Ich kann mir nicht vorstellen, dass eine Antwort dazu auf der Hand liegt. Letzten Endes wird es dir genauso gehen. Warum bist du nicht reich? Ich gehe davon aus, dass du es nicht bist, denn sonst würdest du dieses Buch nicht lesen. Also was machen wir? Ich schlage dir vor, ich erzähle dir in den nächsten Kapiteln einmal, was ich alles versucht habe, beziehungsweise mir überlegt habe und was aus den ganzen Ideen geworden ist. Dann kannst du dir deine eigene Meinung bilden.

Ich möchte an dieser Stelle anmerken, dass alle Versuche oder Gedanken darauf basieren, mit minimalen finanziellen Einsätzen zu starten und sich etwas aufzubauen. Ich erzähle dir nicht, wie es funktioniert zur Bank zu gehen, sich 5 Millionen Euro zu holen und gleich mit dem Big Business anzufangen.

Ich möchte dir zunächst aber noch kurz sagen, warum mir Geld wichtig ist. Ich habe mich mit der Tatsache abgefunden, dass auch ich unzufrieden bin. Kaufe ich mir etwas, beschwere ich mich entweder über den Preis oder stelle hinterher fest, dass der Trieb, das ausgewählte Gut zu haben, bedeutend größer war, als die Freude daran es zu besitzen. Nichts desto trotz, setzt das aber voraus, dass ich das Geld dafür hatte, um diese Erfahrung sammeln zu können. Außerdem ist es dann auch egal, wie lange man mit der gekauften Ware glücklich ist. Wichtig ist, dass man es ist. Was für mich aber noch viel wichtiger ist, als mir etwas kaufen zu können, ist die Idee nicht mehr arbeiten zu müssen. Zumindest nicht einer regulären Arbeit nachgehen zu müssen. Ich habe hier bewusst das Wort müssen gewählt, weil sich nur die wenigsten Menschen in der glücklichen Lage befinden, einer Arbeit nachzugehen, die sie erfüllt, glücklich macht und zudem in einem Maß bezahlt wird, dass finanzielle Fragen nie auftauchen. Es geht denke ich nicht nur darum, dass man einen gewissen Grundstock an Geld Zuhause, auf der Bank oder dem Depot liegen hat, damit man sich einen Restaurantbesuch leisten kann. Es geht auch nicht darum, dass man sich eine neue Waschmaschine leisten kann oder einen gewissen Zeitraum an Arbeitslosigkeit überbrücken kann. Im Endeffekt geht es darum, dass man sicher sein kann, dass man für den Rest seines Lebens so viel Geld hat, dass man sich ohne Bedenken alles leisten kann, was man sich im normalen Lebensstil auch geleistet hätte, aber ohne den Zwang dafür arbeiten gehen zu müssen.

Nun ist aber auch klar, dass das nicht jeder machen kann. Wenn das so wäre, hätten wir das nächste Problem, denn dann würde es nichts mehr geben. Wer würde denn die Brötchen backen, die wir essen oder die Getränke herstellen, die wir trinken. Es gäbe ja nichts, wenn niemand etwas produziert. Zum Glück befinden wir uns aber nicht in dieser Situation und müssen uns darüber auch keine Gedanken machen. Es gibt genügend Menschen auf der Welt, die glücklich sind, mit dem, was sie tun oder auch mit dem was sie haben. Für diese Leute ist das Buch natürlich nichts. Vielleicht ist es aber für dich genau das richtige.

2. DER ANFANG

Wie hat denn das alles bei mir angefangen? Generell, wenn man irgendwelche psychischen Probleme hat, liegen die Ursachen meist in der Kindheit. Ich will nicht behaupten, dass ich psychische Probleme habe, aber die Menschen in meinem Umfeld, und da gehe ich davon aus, dass wir hier von 100% sprechen, würden sagen, dass eines meiner Hauptthemen bezüglich Gedanken und Kommunikation immer das Thema Geld ist.

Ich bin 1985 geboren und habe vom geteilten Deutschland nichts mitbekommen. Ich würde nicht sagen, dass ich es realisiert habe, dass die Mauer gefallen ist oder, dass überhaupt eine da gewesen ist. Generell hat es mir als Kind eigentlich an nichts gemangelt. Im Verlauf der 90er Jahre habe ich aber festgestellt, dass mein Mangelgefühl größer geworden ist. Auf einmal gab es Spielekonsolen und Computer. Da wollte ich auch schon immer mehr Spiele haben, einen schnelleren Rechner oder ähnliches. Als dann auch der Fernsehkonsum gestiegen ist, bin ich in die Falle der Industrie getappt. Die Werbebranche suggerierte damals, wie heute auch noch, was es alles für schöne Produkte auf der Welt gibt. Wo man überall hinreisen kann und was man alles haben kann. Nun sind meine Eltern und meine Großeltern aber in einer Zeit aufgewachsen, in der es komplett anders gewesen ist. In der Nachkriegszeit gab es gar nichts. Selbst in der DDR gab es viele Sachen nur auf Zuteilung. Das ist zumindest das, was ich immer und immer wieder gehört habe. Was bewirkt das aber in dir? Durch die Erziehung wird einem beigebracht sich mit wenig zufrieden zu geben und durch das Fernsehen, dass man alles haben kann. Was ist die logische Schlussfolgerung? Das Gehirn trimmt sich selber darauf alles haben zu wollen, schon aus Angst, dass sich die Situation vielleicht irgendwann wieder ändert.

Damit ich mir, wenn ich erwachsen bin, dann auch alles leisten kann, was ich möchte, habe ich mich in der Schule angestrengt, so gut es mir möglich war. Ich habe mein Abitur gemacht, bin zur Bundeswehr gegangen und habe anschließend studiert. Das war eigentlich genau so, wie es sowohl meine Eltern, als auch die Lehrer prophezeit haben, wie es sein muss. Natürlich wird den meisten dann immer noch gesagt, dass man ein Haus bauen muss und eine Familie gründen muss. Das ist dir sicherlich bekannt. Die Voraussetzung dafür ist natürlich, dass du einen Job hast, der gut bezahlt ist. Aber das sollte ja kein Problem sein, denn du hast ja studiert.

Wie sieht denn aber die finanzielle Realität aus, die dir niemand erzählt? Du gehst zur Schule und hast ein schönes Leben, weil du Zuhause bei deinen Eltern wohnst. Dort brauchst du keine Miete bezahlen, brauchst kein Essen bezahlen oder es selber kochen, eigentlich lebst du gerade als Teenager wie die Prinzessin auf der Erbse. Dass dir das zu dem Zeitpunkt nicht klar ist, liegt unter anderem an deinem eigenen begrenzten Horizont, den du als Teenager ohne Lebenserfahrung hast oder an mangelnder Bildung.

Wenn du mit der Schule fertig bist und studierst, fängt der Spaß des Lebens aber schon teilweise an. Wenn du keine Eltern hast, die dir diesen Spaß finanzieren, dann musst du dich selber um alles kümmern. Auf einmal musst du Miete zahlen, Studiengebühren, Essen, Sprit etc...

Wo bekommst du denn aber das Geld dafür her? Wenn du eine Lehre machst, hast du theoretisch die gleichen Probleme, aber dann verdienst du wenigstens ein bisschen Geld, was dir zunächst hilft über die Runden zu kommen. Sicherlich gibt es Möglichkeiten, wie du an Geld kommst, aber grundlegend ist erst einmal davon auszugehen, dass du dich verschuldest. Sei es durch einen Studentenkredit oder Bafög. Beides musst du im Normalfall zurückzahlen. Bei mir war das auch der Fall. Dann hast du dein Studium oder deine Lehre abgeschlossen und denkst dir: „Jetzt geht es los!". Endlich nicht mehr lernen. Nicht mehr jeden Pfennig hinterherlaufen. Jetzt wird gearbeitet und das große Geld verdient.

Sicherlich gibt es Menschen, die das Glück haben, aber wie vielen geht es denn so? Verdient man als Bäcker oder Fleischer so viel? Verdient man als Meister, egal, ob im Handwerk oder der Industrie, so viel? Selbst als Beamter am Anfang des Berufslebens gehe ich davon aus, dass man sich keine goldene Nase verdient. Wie sieht es denn nun aber mit anderen Berufen aus? Arzt,

Ingenieur, Master. Ich würde hier sogar die Doktoren mit einbeziehen. Generell kann man hier sagen, dass diese alle mehr verdienen, als wenn derjenige nur eine normale Lehre gemacht hat. Aber die Frage, die sich grundlegend stellt, ist doch nicht einmal zwangsläufig die, ob es ausreichend ist, sondern für was es reicht. Die, die einen längeren oder schwierigeren Bildungsweg ausgewählt haben, haben zwei Probleme. Zum einen fangen sie viel später an Geld zu verdienen und zum anderen ist davon auszugehen, dass sie erst einmal das Geld für den Bildungsweg zurückbezahlen müssen.

Auch, wenn es je nach Bildungsabschluss und gewählter Jobrichtung riesige Unterschiede gibt, muss man sich dennoch überlegen, wie das Leben nach dem Bildungsweg weiter gehen soll. Wenn wir davon ausgehen, dass derjenige studiert hat und zum Berufsstart 2000-2500€ Netto verdient, dann fängt die große Rechnerei an. Manche Zahlen, die in diesem Buch erwähnt werden, mögen sich für den einen oder anderen sehr hoch anhören. Ein Fertigungsmitarbeiter würde sich über ein Nettogehalt von 2500€ mit Sicherheit freuen. Ein Ingenieur dagegen, fragt sich eher, ob er die richtige Stelle angenommen hat.

Ich möchte an dieser Stelle erwähnen, dass das aktuell alles beliebige Beispiele sind und wir nur philosophieren. Sollte irgendetwas davon dem Tatbestand der Wahrheit entsprechen, dann sage ich es dir.

Wenn wir uns einmal das folgende Szenario überlegen. Du hast studiert, bist 25 Jahre und verdienst 2500€

Netto. Du hast einen Studentenkredit von 40.000€ und musst dir ein neues Auto kaufen, damit du an die Arbeit fahren kannst.

Dann gehen von den 2500€, 500€ für den Studentenkredit weg, 250€ für den Autokredit, 700€ für eine Wohnung, 150€ für Versicherungen, 300€ für Lebensmittel und 300€ für Sprit weg. Dann hast du noch 300€ übrig. Dann bist du noch nicht essen gegangen, hast dir keine Kleidung gekauft, oder dir sonst irgendetwas gegönnt, geschweige denn, dass du Geld hast, dass du sparen kannst. Ich gehe bei diesen Zahlen nicht davon aus, dass diese in irgendeiner Art und Weise zu hoch gegriffen sind. Mit dem Beispiel des Studentenkredites muss man sagen, dass man diesen auch gleichermaßen herauslassen könnte, wenn man nicht studiert hat, dann wäre aber auch das wahrscheinliche Nettoeinkommen um 500€ niedriger. Der Rest bleibt also gleich.

Für deinen Studentenkredit, wenn wir uns das einmal schön rechnen, wenn du keine Zinsen bezahlen müsstest, bräuchtest du schon fast 7 Jahre. Bei dem Fahrzeugkredit ist das ähnlich. Das heißt, dass du 7 Jahre von so gut wie nichts leben musst bzw. kannst. Du hattest dich doch aber gefreut, dass es endlich bergauf geht. Anscheinend hat da irgendetwas nicht gestimmt, von all dem, was sie uns erzählt haben oder?

Wie oder wann sollst du dir denn dann Geld für ein Haus sparen? Wie sollst du denn mit dem Geld eine Familie gründen? Wie willst du deine potentielle Freundin ausführen, wenn du dir selber nicht einmal einen Abstecher zu Burger King leisten kannst? Ja ich kann dich verstehen, wenn du in dieser Lage bist. Ich war in ähnlichen Situationen und habe mir bereits im Studium angefangen Gedanken zu machen, was man machen kann, um Geld zu verdienen.

Während meines Studiums habe ich mich vereinzelt mit Studienkollegen zum Abendbrot getroffen. Zu dieser Zeit habe ich Ihnen eine Präsentation vorbereitet, in der ich Ihnen aufgezeigt habe, dass es mehr als sinnvoll ist, dass wir uns schon während des Studiums, aber auch danach hinsetzen und philosophieren, was man dafür tun kann. Bereits bei der ersten Sitzung war kein ausreichendes Interesse da. Ich habe das dann sein lassen und mich fortan nur gewundert, warum so viele Menschen kein Interesse daran haben, sich finanziell unabhängig zu machen.

Die generellen Gedanken für solch einen Start sollten sich dahingehend gestalten, dass du dir überlegst, was du hast und was du kannst. Vielleicht auch, wen du kennst, der etwas kann. Du solltest dir aber auch genau überlegen, was du nicht hast und was du nicht kannst. Ich habe es anfangs mit der Ausschlussmethode probiert, um meinem Ziel näher zu kommen. Ich bin zum Beispiel keine Muse. Ich kann weder singen, noch Zeichnen oder Malen. Für so etwas fehlt mir einfach das Talent. Vielleicht kann man alles in irgendeiner Art und Weise lernen, aber man sollte schon auf dem Boden der Tatsache bleiben.

Mir ist beispielsweise seit Anbeginn dieser Überlegungen klar geworden, dass, wenn ich etwas mache, ich nach Möglichkeit kein oder nur wenig Geld dafür investieren will, da man vorher einfach nicht abschätzen kann, ob die Idee funktioniert oder nicht. Natürlich kann man auch für alles Kredite aufnehmen, aber die muss man eben auch zurückbezahlen.

An dieser Stelle kann ich dir beispielsweise sagen, dass du, falls du dich in irgendeiner Art selbständig machen möchtest, du dir sehr wohl verschiedene Darlehen auch vom Staat holen kannst. Dazu musst du einfach nur bei Google eine entsprechende Suchanfrage starten und findest dann auf den Seiten des Bundes ausreichend Informationen zu deinem Gründungsvorhaben. Dort findest du auch ganz viele Vorlagen für Dokumente, falls du dir zum Beispiel einen Businessplan erstellen willst, sodass du hier nicht von null anfangen musst. Auch bei der Industrie- und Handelskammer kannst du dir viele Informationen einholen.

Ich habe zu dem damaligen Zeitpunkt außerdem versucht, meine Gedanken in irgendeiner Art und Weise zu Papier zu bringen und das so, dass ich damit später auch noch etwas anfangen kann. Dazu eignen sich relativ gut so genannte Mind Maps. Das sind Gedankenblasen, die du anhand ihrer Verzeigungen bis ins letzte Detail weiterverfolgen kannst.

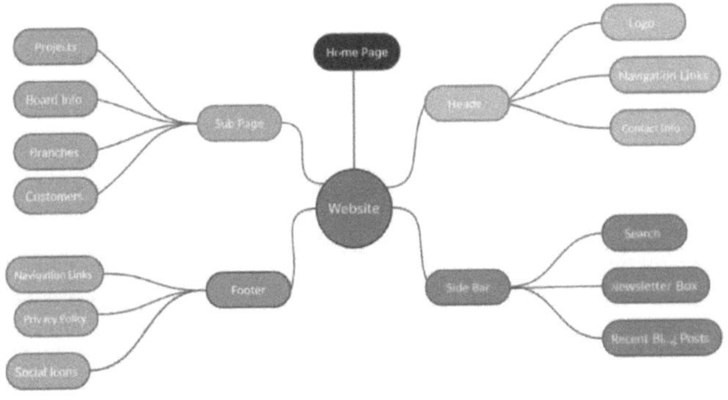

Das sieht zum Beispiel so aus. Wenn du dazu im Internet schaust, kannst du auch einige kostenlose Programme finden. Eines davon heißt zum Beispiel „Freemind".

Das ist ein erster Schritt, um ein bisschen Ordnung in das Chaos zu bringen, was du dir relativ schnell aufbauen wirst, wenn du dir selber Gedanken machst.

Ich habe mich dann dazu entschieden, überhaupt erst einmal irgendetwas anzufangen. Da mich die Arbeit mit Holz interessiert, habe ich mir überlegt, hierzu ein Gründungskonzept zu erarbeiten.

Jetzt fragst du dich eventuell, ob so etwas notwendig ist oder nicht. Generell würde ich sagen nein. Es ist sicherlich hilfreich, wenn du dich vorab mit der ganzen Thematik beschäftigst, aber ob man es zwingend braucht, glaube ich nicht. Man muss hier auch ein bisschen unterscheiden, ob du dir ein paar Gedanken irgendwohin schreibst, oder ob du dir wirklich ein Gründungskonzept von A-Z überlegst. Solltest du dir einen Kredit oder ein Darlehen zulegen wollen, kann es allerdings Voraussetzung sein, damit die Bank oder generell der Geldgeber wissen, was du vorhast und wie du dein Geld verdienen kannst, damit du ihnen ihres zurückzahlen kannst.

Nun wird über kurz oder lange die Frage bei dir auftauchen, wie man so etwas macht. Was muss man alles berücksichtigen? An wen kann man sich wenden? Diese Fragen werden dir wahrscheinlich relativ lange unbeantwortet bleiben. Ich finde die staatliche Unterstützung in Deutschland bezüglich der Gründung eines eigenen Gewerbes sehr mangelhaft. Wie du auch im späteren Verlauf noch das ein oder andere Mal feststellen wirst, scheint es gar nicht gewollt zu sein, dass du dich selbständig machst. Am besten gehst du jeden Tag malochen und verkaufst dabei bzw. dafür am besten deine Seele, dem Teufel persönlich. Aber, ganz wichtig, dabei musst du dich natürlich auch noch freuen und glücklich darüber sein. So ist zumindest die Erwartungshaltung.

Du kannst dich bei der IHK oder der Agentur für Arbeit darüber informieren, was du machen kannst, wenn du dich selbständig machen kannst. Es gibt auch spezielle Trainer, die du dir „Kaufen" kannst, und das Geld hinterher wieder in irgendeiner Weise zurückbekommen kannst, aber, wie bereits gesagt, erwarte hier keine offenen Türen.

Ich habe es so gemacht, dass ich meinen Ideen freien Lauf gelassen habe und mir überlegt habe, was ich bräuchte, wenn ich jetzt tatsächlich eine

Holzverarbeitung eröffnen möchte. Zunächst habe ich mir die Frage gestellt, was genau möchte ich denn verarbeiten. Dabei habe ich mich entschieden einfaches Brennholz aus Baumstämmen herzustellen. Was benötigt man denn dazu? In meinem Fall habe ich mir überlegt, dass ich eine Halle benötige, ein Grundstück, eine Maschine, die das Holz zerkleinert, eine die verpackt beziehungsweise befördert, ich brauche Transportfahrzeuge, ein Büro, Toiletten, eine Homepage und Werbung. Das sind zumindest die grundlegenden Dinge, die ich benötigt hätte. So in etwa würde das wahrscheinlich in vielen Bereichen aussehen. Wenn du soweit bist, kannst du dir von verschiedenen Herstellern Angebote einholen, damit du erst einmal ein Gefühl dafür bekommst, welche Kosten auf dich zukommen. Bei meinem Vorhaben hat sich die Summe zwischen 500.000€ und 1Mio.€ belaufen. Das ist schon ein ganz schöner Batzen. Wenn du dir dann überlegst, wie viel du dafür verkaufen musst, um das abzubezahlen, dann kannst du dir überlegen, ob du das riskieren willst oder nicht. Ich habe die Idee aufgrund der Höhe des potentiellen Investments dann nicht weiterverfolgt. Eines der größten Probleme, die man bei so etwas immer wieder hat, ist der erwartete Umsatz. Ich finde es grundlegend extrem schwierig hier Prognosen abzugeben. Ich kann dir hierzu ein Beispiel nennen. Wenn du dir ausgerechnet hast, welche Grundkosten du für Kredit, Material, Werkzeuge etc. hast, dann weißt du zumindest grob, wie viel monatlich übrigbleibt. Dann hast du aber auch noch deine variablen Kosten. Hier wird es schon bedeutend schwieriger vorab Annahmen zu treffen. Dennoch könnte man bei dem Beispiel anhand von vorhandenem Lagerplatze und Einkaufspreisen einen Preis kalkulieren, zu dem man beispielsweise 1m³ Holz verkaufen müsste. Mit diesem Preis kannst du Nachforschungen anstellen, ob du in deinem Umfeld wettbewerbsfähig bist oder nicht. Ich habe mich damals beispielsweise an den Preisen im Baumarkt und an anderen Holzlieferanten orientiert. Wenn du hier in ähnlichen Größenordnungen liegst, kannst du zwar hoffen, dass die Leute auch bei dir kaufen, aber gewiss ist das eben nicht. Vor ein paar Jahren habe ich das ganze Aufgrund von einem Umzug miterleben können. Meine Frau und ich haben in einem Mietshaus gewohnt. Dort war ein Kamin und ich habe im Sommer regelmäßig Holz für den Winter vorbereitet. In dem Vorjahr vom Umzug habe ich ca. 50m³ Holz aus dem Wald in Form von Stämmen geholt. Dieses habe ich mit der Motorsäge klein geschnitten und von Hand gespalten. Es ist davon auszugehen, dass aufgrund dieses Vorgehens potentiell der meiste Gewinn dabei herausgesprungen wäre, wenn ich das Holz verkauft hätte. Natürlich kann man das nicht für eine Massenproduktion machen, aber es ist auch nur ein Beispiel. Als wir uns dann ein Haus gekauft haben, habe ich alles Holz mitgenommen. In dem Haus hatten wir aber keine Möglichkeit das Holz zu verbrennen. Dementsprechend habe ich es zum Verkauf angeboten. Das Holz war trocken und gespalten, hatte aber eine Länge von 50-60cm. Das ist für die meisten Kamine und Öfen leider zu groß. Der potentielle Käufer hätte dieses aber einfach noch einmal durchschneiden können. Da man sich Holz in unterschiedlichen Größenordnungen kaufen kann, muss man natürlich schauen, dass die angebotenen Waren einigermaßen übereinstimmen. Ich habe das Holz gestapelt auf einem Anhänger mit einem Fassungsvermögen von 2m³ angeboten. In diesem Zustand zählt die Art und Weise der Lagerung als 1,4-fache Menge, als wenn man das Holz einfach in den Anhänger schütten würde. Laut der Berechnung von unterschiedlichen Lagerweisen für Holze würde also für einen Anhänger mit einer Kapazität von 2m³ eine Menge von knapp 3 Schüttraummetern herauskommen. Laut Internetrecherchen hat der Schüttraummeter im Baumarkt zu dem Zeitpunkt ca. 100€ gekostet. Bei anderen Anbietern über Kleinanzeigen werden 60-80€ verlangt. Ich habe für meinen Anhänger 195€ verlangt. Das sind, wenn man das mit den 3 Schüttraummetern rechnen würde 65€ pro Schüttraummeter. Ich hatte ca. 50 Anhänger zum Verkauf. Nun kannst du einmal schätzen, wie viele ich davon verkauft habe.

Ich habe keinen einzigen verkauft. Das sind dann Überlegungen, bei denen man wahrscheinlich froh sein kann, dass ich die ursprüngliche Idee mit dem Brennholzhandel nicht umgesetzt habe. Sonst hätte ich nicht nur das Problem, dass ich bedeutend mehr Holz herumliegen hätte, sondern auch dass ich den Kredit hätte und nicht zurückbezahlen könnte. Deswegen sage ich immer wieder, dass es am sinnvollsten ist, wenn man etwas versucht, dass das nach Möglichkeit kein oder nur wenig Geld erfordert.

Wenn du dir also etwas überlegst, bei dem du nicht drumherum kommst, dass du Geld investieren musst, dann überlege dir eventuell, ob es zum Beispiel sinnvoller ist, gebrauchte Ausrüstung zu kaufen. Zumindest für den Anfang, bis du feststellst, ob es funktioniert oder nicht. Es muss nicht immer der Mercedes sein. Der Trabbi bewegt dich auch von A nach B.

3. ES GEHT UM DIE WURST

Viele Menschen sagen immer, dass die beste Art zum Leben und Arbeiten die Umsetzung des Hobbies zum Beruf ist. Dann hat man nicht nur einen Beruf, sondern eine Berufung. Man kann sich mit ganzen Herzen einbringen und erzielt damit ganz andere Ergebnisse, als wenn man nur etwas macht, was man machen muss.

Ob das tatsächlich immer so ist, kann ich nicht vollständig beantworten, aber ich habe auch hier einen Startversuch unternommen. Eines meiner Hobbies ist die Herstellung von Lebensmitteln. Ich habe schon immer gerne gekocht. Irgendwann wollte ich mir auch das Backen beibringen. Als ich mit dem ersten Kuchen Erfolg hatte, habe ich in diese Richtung weitere Rezepte probiert und bin unter anderem zum Brotbacken gekommen. Glücklicherweise habe ich meinen ersten Versuch, der eher einem Backstein geglichen hat, als einem Brot, als Erfahrungswert abgetan und mich nicht entmutigen lassen. Als es dann mit der Zeit besser geworden ist, habe ich auch noch viele andere Dinge, wie Plätzchen, Brötchen, Torten und alles Mögliche, was man backen kann, ausprobiert.

Ich komme aus einer Familie, in der früher noch geschlachtet wurde. Ich war zu dem Zeitpunkt, zumindest als die Schweine noch geschlachtet wurden, noch ein Kind und habe das leider nicht richtig mitbekommen. Ich kann mich nur daran erinnern, als mein Großvater immer noch Kaninchen geschlachtet hat. Ich kann mich aber daran erinnern, dass es bei uns sehr oft sehr gute Wurst gegeben hat. Diese wurde im Anschluss an das Schlachten ebenfalls Zuhause produziert. Meine Großeltern hatten damals zwar einen Metzger dabei, der die Hauptaufgaben durchgeführt hat, aber im Endeffekt zählt ja das Resultat.

Nachdem ich also Erfahrung im Backen und Kochen gesammelt hatte, wollte ich auch Erfahrung im Metzgerhandwerk erlangen. Dazu habe ich mir entsprechendes Zubehör gekauft und angefangen mich in die Thematik einzulesen. Ich habe das so weit getrieben, dass ich mich bei der IHK erkundigt habe, ob es möglich ist, eine Gesellenprüfung mit zu schreiben. Ich habe dazu extra an einem Lehrgang, der so genannten Überbetrieblichen Lehrlingsunterweisung in der Fleischereiinnung in München teilgenommen. Das waren 1 oder 2 Wochen Schule, bei denen die ansässigen Lehrlinge noch einmal die wichtigsten Punkte aus Theorie und Praxis gelernt haben, bevor es an die Prüfung geht. Das war grundlegend sehr interessant, zumal wir uns auch den ansässigen Schlachthof angeschaut haben und einen Eindruck davon bekommen haben, welche Fließbandarbeit das dort ist.

Für mich war das eine einprägsame Erfahrung. Ich selber war nie ein Lehrling, da ich von der Schule zur Bundeswehr und von dort zum Studium gegangen bin. Ich fand es aber nett, mich in ungezwungener Weise mit dem Ausbilder und den Lehrlingen zu unterhalten und auszutauschen. Eines ist dabei aufgefallen. Hätten wir die

Theorieprüfung in dieser Woche geschrieben, hätte ich nicht eine Sekunde gezögert daran zu glauben, dass ich sie nicht bestehen könnte. Leider hat mir aber die Erfahrung für den praktischen Teil der Prüfung gefehlt, bei dem man ein halbes Schwein in einer vorgegebenen Zeit nach bestimmten Vorgaben zerlegen muss. Basierend auf diesem Mangel an Erfahrung habe ich mein Vorhaben leider ad acta gelegt. Zudem kommt hinzu, dass es theoretisch in der Europäischen Union, speziell natürlich in Deutschland, nahezu ausgeschlossen ist, dass man sich in der heutigen Zeit noch als Fleischer selbständig macht. Eigentlich kann man das nicht nur auf das Fleischerhandwerk beziehen, sondern auf fast alle Bereiche, in denen man mit Lebensmitteln zu tun hat. Es gibt hierzu verschiedene Normen, die leider nicht unterscheiden, ob man ein Kleingeschäft eröffnen will oder eine Massenproduktion. Ungünstiger Weise sind diese Vorschriften aber auch so formuliert, dass der Spielraum darin so groß ist, dass man auf andere Personen angewiesen ist, um zu verstehen, was genau gefordert ist. Das fängt mit der Erstellung einer HACCP Analyse an, geht über eine entsprechende Zertifizierung bei einer notifizierten Stelle weiter und endet letzten Endes mit der Befriedigung des Veterinäramtes. Auch wenn die Mitarbeiter dessen grundlegend freundlich sind, sucht man eine entsprechende Unterstützung vorab leider vergebens. Das bedeutet im Umkehrschluss, dass du entweder auch so viel Geld vorher ausgeben musst, dass du von vornherein alles richtig machst oder hinterher so viel investieren musst, dass dann alle zufrieden sind.

Gerade in dem Bereich der Lebensmittel ist jegliche Idee, die man entwickeln könnte, von vornherein zum Scheitern verurteilt.

Hier muss man allerdings ein paar Dinge unterscheiden. Würde man verschiedene dieser Normen zu 100% anwenden, wäre es schon fragwürdig, ob eine Mutter ihren Kindern verschiedene Lebensmittel zubereiten dürfte. Allein daran kann man die Idiotie dieser Vorgaben verstehen. Nun ist es aber auch oft so, dass es niemanden gibt, der das tatsächlich kontrolliert. Wir nehmen hierzu ein tägliches Beispiel aus dem Leben. Ich gehe davon aus, dass du dir schon oft ein Stück Kuchen von einer Veranstaltung geholt hast, bei denen sich fleißige Mütter hingestellt haben und Kuchen gebacken haben. Das können Kindergartenfeste sein, Geburtstage, Vereinsfeiern oder ähnliches. In diesen Kuchen sind Lebensmittel, wie Eier und Butter oder andere Milchprodukte verarbeitet, die nur ein Konditor verarbeiten und veräußern darf. Das bedeutet, dass jede solcher Aktionen grundlegend verboten ist, da eine Mutter nicht automatisch eine Konditorin ist und erst recht nicht die notwendige Rückverfolgbarkeit der Lebensmittel gewährleisten kann oder die entsprechenden hygienischen Hintergrundbedingungen vorweisen kann. Doch es wird geduldet. Solch ein Beispiel lässt sich immer wieder in den unterschiedlichsten Bereichen feststellen. In Deutschland werden im Jahr ca. 500.000 Gewerbe angemeldet. Zwischen 80 und 90% davon schaffen es nicht, sich 3 Jahre oder länger am Markt zu halten. Ich gehe davon aus, dass sich dieses Phänomen hauptsächlich dadurch erklären lässt, dass Leute ein Gewerbe gründen und blauäugig etwas anfangen und hinterher feststellen, dass sie verschiedene Auflagen erfüllen müssen, wie die vorn genannten Normen und sie sich am Anfang einfach nicht damit beschäftigt haben. Anders kann ich mir das nicht erklären. Jeder Mensch, der ein entsprechendes Maß an logischen Menschenverstand hat, sollte vor dem Schritt in die Selbständigkeit, egal, ob das im Haupterwerb oder im Nebenerwerb ist, sich alles bis ins Detail überlegen und dann entscheiden, ob es sinnvoll ist oder nicht. Würde ich das anders handhaben, könnte ich dir wahrscheinlich auch bedeutend mehr Beispiele nennen, von den Dingen, die ich schon probiert habe, die dann aber gescheitert sind. Das hast du hier in dem Buch zwar auch, aber das sind andere Beispiele, wo wir uns zum einen auf theoretische Dinge beziehen, beziehungsweise auf Beispiele, die mich nicht die Existenz gekostet haben.

Ich möchte an dieser Stelle aber noch erwähnen, dass an der einen oder anderen Stelle diese Vorschriften aber durchaus gerechtfertigt sind. Wie ich dir bereits gesagt habe, habe ich mich in dem Bereich des Metzgerhandwerks sehr tief eingelesen. Ich habe dazu auch sehr viel praktische Erfahrung im privaten Bereich gesammelt. Beispielsweise habe ich mehr als 300 verschiedene Sorten an Wurst und Schinken hergestellt. Ich habe eine Zeit lang im Internet in verschiedenen Blogs das Treiben mit verfolgt. Wenn ich mir da anschaue, mit welcher Unwissenheit manch einer an solch ein Thema heran geht und dann mit diesem Unwissen nach eventuell geglückten Versuchen sich versucht zu rechtfertigen, das grenzt teilweise schon an Körperverletzung. In solchen Fällen kann man tatsächlich dankbar sein, dass es die ganzen Vorschriften gibt und die Gefahr einer Vergiftung in Grenzen gehalten wird. Dennoch bin ich der Meinung, wenn es denn staatlicher Seits gewünscht wäre, sollte das gesamte System anders aufgebaut werden. Beispielsweise so, dass private Leute die ein Nebengewerbe eröffnen wollen, ebenfalls eine Prüfung ablegen müssen, aber die Fertigungsbedingungen angepasst werden. Wenn sich ein Existenzgründer erst wieder ein Schlachthaus für 100.000€ anschaffen muss und ein Glas Wurst für 3€ verkauft, dann kannst du und jeder andere sich ausrechnen, wie lange es wieder dauern würde, um so etwas abzubezahlen.

Mein Vorhaben, meine selbst produzierte Wurst zu verkaufen oder auch mein Gebäck, hat sich also damit auch wieder erledigt gehabt.

Da ich aber kein Freund vom Aufgeben bin, habe ich mir auch in diesem Bereich weitere Gedanken gemacht. Ich habe mir irgendwann Hühner angeschafft. Was liegt da nicht näher, als die Eier zu verkaufen. Das geht tatsächlich in manchen Bundesländern und in bestimmten Grenzen. Will man das Ganze aber wieder so aufziehen, dass man damit Geld verdient, kann man die Sache schon wieder vergessen.

Ich habe mir diesbezüglich Angebote für mobile Hühnerställe eingeholt. Hier war die Überlegung schon viel einfacher, als mit der Holzverarbeitung. So einen Stall kann man nach seinen Wünschen gestalten lassen und bezahlt zwischen 50.000 und 100.000€. Jetzt braucht man noch Hühner, Futter, Wasser und ein Grundstück. Je nach Größe des Stalles benötigt man auch noch ein entsprechendes Zugfahrzeug. Das Grundstück muss man in diesem Beispiel nicht kaufen, was einiges an Geld einspart. Wenn man es aber pachten will, muss man auch die Möglichkeit einer Pacht haben. In unserer Region ist das nahezu ausgeschlossen, was das ganze Vorhaben schon wieder zu Nichte gemacht hat. Solltest du das Glück haben im Norden Deutschlands zu wohnen, wäre diese Geschäftsidee allerdings weiter zu verfolgen. Man muss hierbei natürlich auch ein bisschen weiterdenken. Es ist nicht damit getan, Futter zu kaufen und einmal am Tag zu den Hühnern zu gehen, die Eier heraus zu nehmen und dann zu verkaufen. Über das Jahr verteilt hast du dann Schwankungen in der ausgebrachten Menge an Eiern und wir wären ja nicht wir, wenn es dafür nicht auch wieder entsprechende Vorschriften geben würde. Du kannst beispielsweise deine Eier nicht einfach so verkaufen, du musst hier erst wieder die Vorgaben einhalten, dass du die Luftblase kontrollierst, die Eier nach Gewicht sortierst und natürlich beschriftest.

Wenn du einen Hühnerstall mit 20 Hühnern hast, dann kannst du das von Hand machen. Wenn du aber 400 Hühner hast oder mehr, dann musst du dir neben den Hühnerstall auch noch die entsprechende Ausrüstung kaufen und musst zusätzlich wieder einen der Lebensmittelhygiene angepassten Raum haben.

Wie du siehst, ist das ganze Lebensmittelthema also ein ziemlich heißes Eisen. Ich habe es mir bisher nicht getraut, dass ich in diese Kategorie investiert habe, außer in mein privates Vergnügen. Ob das etwas für dich ist, kannst nur du entscheiden. Ich gebe dir aber den Rat, dass du dich vorher wirklich bei allen Ämtern erkundigst, was notwendig ist, bevor du sinnlos Bemühungen hast, die hinterher für die Katze gewesen sind.

4. DAS DIGITALE ZEITALTER

In diesem Kapitel kann ich dir einiges erzählen. Das klingt immer ein bisschen komisch, wenn man über das digitale Zeitalter redet und dabei eine Zeit ab 2010 meint. Das ist alles noch nicht so lange her und dennoch wurde seither die komplette Abwicklung in unseren Leben so positiv digitalisiert, dass es schwer zu glauben ist, wenn man das nicht miterlebt hat. Alles, was für uns heutzutage ganz normal ist, war vor 2010 kaum denkbar. Erinnere dich nur einmal an das Thema Internet, Fernsehen oder Handys.

Da mein Kopf mir bei den vorgenannten Beispielen keine sonderlich große Hilfe gewesen ist, habe ich mir 2012 gedacht, dass ich etwas anderes ausprobiere. Im Fernsehen angepriesen als ein Hype, der von vielen Menschen ausprobiert wird, habe ich mich in die Wogen Googles gestürzt und habe einen Foodblog gestartet. Das sah am Anfang auch ganz annehmbar aus. Es war dennoch relativ viel Arbeit, die ich mir aber dennoch gemacht habe. Für mich war das genauso ein Beispiel, vom dem ich hier die ganze Zeit rede. So ein Blog hat generell nichts gekostet, außer die eigene Arbeitszeit. Dementsprechend hätte man sich keine Gedanken machen müssen, dass, sollte man scheitern, die Existenz bedroht ist. Als nach relativ kurzer Zeit Google allerdings mein Konto gesperrt hat, weil es der Meinung war, dass ich selber zu oft auf meine Werbeanzeigen geklickt habe, war die

Möglichkeit dieser Einnahmequelle auch schneller versiegt, als mir lieb war. Ich habe dann aber trotzdem noch einige Rezepte hochgeladen. Ich wollte einfach einmal sehen, wie solch ein Blog angenommen wird. Ungünstiger Weise ist der Name des Blogs ziemlich lang geworden, was ein Grund dafür sein kann, dass sich nicht so viele Leute darauf verirrt haben. Solltest du Interesse haben, kannst du ihn dir gerne anschauen.

Der vollständige Name lautet:

Hollandtsbackundwurstwaren.blogspot.com

Das resultiert nur deshalb, weil ich mir vorab einen geeigneten Namen ausgesucht habe, zu dem ich eine passende Abkürzung machen konnte. Das wäre in diesem Falle „HBW" gewesen. Dummerweise war dazu aber schon die Adresse vergeben und ich musste das Ganze ausschreiben.

Unabhängig davon, dass dieses Vorhaben bei mir keine Früchte getragen hat, würde ich das aber dennoch niemand abraten. Solch ein Blog ist eine generelle Möglichkeit um sich heranzutasten. Je nachdem, wo man sich anmeldet, muss man auch nicht zwangsläufig gleich ein Gewerbe anmelden. Das bedeutet, man kann sich erst einmal herantasten und wenn man merkt, dass es funktioniert, dann kann man immer noch alle notwendigen Schritte einleiten.

Du musst immer daran denken, wenn es dich nichts kostet, verlierst du maximal deine Motivation, nicht dein Haus.

Ich habe nicht nur eine Affinität für die Herstellung von Lebensmitteln, sondern auch zu verschiedenen digitalen Produkten. Mich reizt es zum Beispiel zu Programmieren. Ich habe das nicht wirklich gelernt, aber ich habe mir verschiedene Dinge beigebracht. Als ich beispielsweise im Studium gewesen bin, habe ich Excel gehasst. So ein kompliziertes Programm, völlig sinnlos, nur um ein paar Diagramme zu erstellen. Glücklicherweise war ich gezwungen im weiteren Verlauf meines Berufslebens damit zu arbeiten. Ich habe dann einen Kollegen von mir über die Schultern geschaut und gesehen, dass er im Excel etwas programmiert hat. Daraufhin habe ich mir ein Buch gekauft, was ich dir wirklich nur empfehlen kann, wenn du dich für sowas begeisterst. Das ist von Bernd Held und hat die ISBN 3827265061 und heißt „Excel VBA in 21 Tagen". Wenn du keine Ahnung, aber den Willen hast das Programmieren mit Excel zu lernen, dann ist das Buch wirklich genau das richtige. Da sind ganz viele Beispiele enthalten, mit denen du von Anfang an lernst ein Programm zu schreiben.

Plötzlich habe ich angefangen Excel zu lieben und habe damit schon so viele Dinge erstellt, auf die ich wirklich stolz bin. Das fängt an mit einfachen Arbeitsblättern, auf denen automatisch Zahlen hoch gezählt und ausgedruckt werden bis hin zu extrem komplexen Programmen.

Ich denke, dass ich nicht der Einzige bin, der sich schon einmal die Frage bezüglich Lotto gestellt hat, welche Zahlenkombinationen sinnvoll sind. Ich habe hierzu beispielsweise ein Programm geschrieben, dass alle Lottoziehungen seit 1955 ausgewertet hat und geprüft hat, ob es Kombinationen gibt, die häufiger gezogen werden, als andere. Die Erstellung des Programmes hat mich einige Nerven gekostet, aber es hat Spaß gemacht. Interessant waren dann die Ergebnisse. Es kam heraus, dass noch nicht eine Dreierkombination doppelt gezogen wurde. Es gibt dabei, ich habe die Zahlen nicht mehr genau im Kopf, schätzungsweise 120.000 verschiedene Möglichkeiten. Wenn in diesen 70 Jahren also ca. 7000 Ziehungen durchgeführt wurden, in denen ca. 90.000 verschiedene Kombinationen aufgetaucht sind, dann könnte man zumindest sein Glück versuchen, in denen man eine der restlichen 30.000 Kombinationen versucht. Leider hat das Programm also nicht die erhofften Ergebnisse ausgespuckt. Solltest du etwas ähnliches versuchen, zum Beispiel in dem du einen Zufallszahlengenerator erstellst, dann solltest du dir etwas Besonderes überlegen, da dieser im Prinzip immer wieder die gleiche Routine hat. Das bedeutet, dass du früher oder später die gleichen Zahlenkombinationen wieder bekommst.

Generell ist zu sagen, dass man, würde man die Excelprogrammierung, gerade in kleineren Firmen, die sich noch kein High End Programm leisten können, vernünftig einsetzen, würde sich jede Firma sehr viel Zeit und Geld sparen. In der Realität ist es aber, wie so oft, immer anders. Hier werden lieber zig Leute damit beschäftigt irgendwelche sinnlosen Listen zu erstellen, die dann andere Leute wieder zu neuen Listen erstellen. Ein wirklicher Mehrwert ist hier nicht gegeben. Getreu dem

Motto: „Das haben wir schon immer so gemacht", wird man sich auch auf ewig in solchen Spiralen weiterbewegen.

Dennoch möchte ich dich an dieser Stelle ermuntern, falls du solch einen Weg einschlägst, dich nicht unterkriegen zu lassen. Nur weil andere Menschen nicht in der Lage sind ihr alten Gewohnheiten abzulegen, muss das für dich nicht auch gelten. Du kannst dir mit solchen Programmierungen wirklich extrem viel Zeit und Arbeit einsparen und Abläufe extrem vereinfachen.

Ich habe mir eine Kleingewerbe mit vielen möglichen Ausführungsmöglichkeiten angemeldet. Das Hauptaugenmerk liegt dabei auf dem Verkauf von Futtermitteln, basierend auf dem Bedarf meiner Hühner. Zukünftig bin ich ebenfalls am Überlegen, ob ich einen Werkzeugverleih eröffne, weil ich mir für die Renovierung unseres Hauses so viele Werkzeuge gekauft habe. Für diese beiden Sparten habe ich mir mit Excel auch vollumfängliche Programme geschrieben. In diesen Programmen werden über einfache Masken Kunden und die dazugehörigen Daten angelegt. In einem weiteren Bereich werden die angebotenen Produkte und der Lagerstatus angelegt. Außerdem ist der Verkauf verbunden mit den jeweiligen Kunden und Produktdaten und man hat ein eigenes kleines Warenwirtschaftssystem, in das man alles integrieren kann, was man möchte.

Solche Files kannst du dann natürlich auch zum Verkauf anbieten. Eine weitere Möglichkeit mit solch einem Wissen Geld zu verdienen ist das Anbieten der

Dienstleistung über verschiedene Portale. Hier kann ich dir unter anderen die Plattform fiverr.com empfehlen. Diese Plattform ist generell eine sehr gute Option, wenn du Hilfe bei Dingen benötigst, die du selber nicht kannst. Ich bin zum Beispiel kein Grafiker. Ich habe aber alle Dinge, die ich für meine Projekte benötigte habe, wie Logos oder auch die Einbände meiner Bücher dort erstellen lassen. Genauso kannst du dich dort auch als Dienstleister anmelden. Ich habe das ebenfalls getan, aber leider auch keinen Erfolg gehabt. Ich gehe davon aus, dass man bei dem riesigen Angebot so niedrige Preise machen muss, dass man nahezu zum Spaß arbeitet, nur, damit man am Anfang gute Bewertungen bekommt. Das ist aber nicht die Art und Weise, wie ich Geld verdienen möchte. Vielleicht ist das aber genau das richtige für dich.

Eine weitere Möglichkeit im digitalen Bereich sind Homepages. Hierzu kann ich dir nicht allzu viel sagen. Ich habe für einen Teil meiner Gewerbe ebenfalls einfache Homepages erstellt. Dazu kann man relativ einfach einen der vielen Hompagebaukästen verwenden. Damit verhält es sich aber wie mit allen. Entweder man investiert viel Geld und bekommt eine entsprechende Leistung oder man setzt eben auf die Sparvariante. Alternativ kannst du dir natürlich auch ein Unternehmen beauftragen, was dir deine Homepage erstellt, aber auch das ist nicht günstig. Das Problem, was wir hier wieder haben ist, dass wir zwar am Anfang eine Homepage brauchen, weil es in der heutigen Zeit gar nicht mehr ohne geht, aber wir wissen ja noch gar nicht, ob unser

Vorhaben Erfolg hat oder nicht. Deswegen bin ich immer kein Freund vom großartigen Geldausgeben, wenn man sich nicht sicher sein kann, dass es auch wieder reinkommt. Aufgrund meiner Erfahrung mit dem Foodblog und meiner eigenen Homepage, kann ich sagen, dass, wenn die entsprechende Werbung oder das Interesse an deinem Produkt nicht vorhanden ist, du dir eine teure Website auch ersparen kannst. Solltest du dich für eine günstige Version entscheiden, bin ich trotzdem der Meinung, dass diese so gut es geht aufgebaut sein sollte. Alternativ kannst du dich natürlich auch selber mit der Programmierung von Homepages vertraut machen und diesen Service anbieten.

Da ich meinen Spaß am Programmieren gefunden habe, habe ich auch verschiedene andere Programmiersprachen ausprobiert. Weitestgehend kann man denke ich behaupten, dass sie vom Grundsatz her ähnlich sind. Sicherlich gibt es genügend Abweichungen, aber, wenn man es einmal verstanden hat, ist es relativ einfach sich einzuarbeiten. Schwierig ist es nur, wenn man mehrere Sprachen lernen oder können will. Hier durcheinander zu kommen ist sehr einfach. Ich bin zum Beispiel ein Freund vom visuellen Programmieren. Das bedeutet für mich, dass ich beim Programmieren auch etwas sehe. Wenn ich schon 3 Seiten Code schreiben muss, damit ich einen Kreis auf dem Bildschirm sehe, dann ist das nichts für mich. Das ist bei Excel unter anderen auch das Schöne, weil man das, was man programmiert in den meisten Fällen auf den Tabellenblättern auch sehen und nachvollziehen kann. Außerdem kann man sämtliche Formen als Buttons verwenden und sich damit eine Art visuelle Oberfläche gestalten. Wenn das mit anderen Programmen ähnlich gehen würde, hätte ich das mit Sicherheit auch schon ausprobiert.

Wenn wir noch bei dem Thema Excel bleiben, möchte ich an dieser Stelle erwähnen, dass Microsoft in den letzten Jahren auch ein schönes Tool auf den Markt gebracht hat. Das hat in der Hinsicht eventuell weniger etwas mit Geld verdienen zu tun, aber mit der einfacheren Handhabung von Daten. Das Tool heißt Microsoft Power Apps. Selber habe ich damit leider noch nicht gearbeitet, gehe aber davon aus, dass sich hier viele tolle Sachen entwickeln lassen mit relativ wenig Aufwand. Ob du die knapp 20€ pro Monat als Lizenzgebühr dafür ausgeben willst, musst du natürlich wissen.

Inspirationen für solche Programme findet man im Alltag eigentlich genug. Das fängt an mit einer Einkaufsliste, über Dokumentenablage oder die Erfassung verschiedener Daten. Der Fantasie sind hier keine Grenzen gesetzt. Ich habe mir beispielweise ein Programm geschrieben, was ich sehr gerne anbieten würde, es aber wieder einmal nicht darf, weil es dafür Vorschriften gibt, die das untersagen. Ich habe irgendwann angefangen mit Aktien zu handeln. Da gehen wir aber in einem separaten Abschnitt noch einmal darauf ein. Je nachdem, wie du den Aktienhandel betreiben willst, kannst du dir die Aktien einmal kaufen und in deinem Portfolio behalten oder du kaufst und verkaufst sie in regelmäßigen Abständen. Wenn du so etwas zum ersten Mal machst, wirst du schnell feststellen, dass dich das Auf und Ab der Aktienwerte den einen oder anderen Nerv kosten wird. Du lässt dich dazu verleiten Entscheidungen aus dem Bauch heraus zu treffen oder auf Aussagen von anderen Experten zu hören. Daraufhin wirst du wieder schnell feststellen, dass die meisten deiner Entscheidungen nicht richtig gewesen sind. Um dem aus dem Weg zu gehen, habe ich beispielsweise ein Programm geschrieben, welche mir Daten auswertet und fundierte Ergebnisse liefert. In meinem Fall habe ich Excel von verschiedenen Homepages zunächst von allen großen Aktienmärkten die inbegriffenen Aktien heraussuchen lassen. Das bedeutet zum Beispiel aus Deutschland vom DAX, vom MDAX, vom SDAX etc. Auch von den Aktienmärkten in den USA, Frankreich und anderer großer Länder. Danach konnte das Programm die einzelnen Fundamentaldaten der jeweiligen Aktien aus dem Internet ziehen. Alleine diese Aufgabe manuell zu bewältigen, würde wahrscheinlich mehr als ein Jahr dauern, da dies einige Millionen Daten sind. Selbst durch die Automatisierung durch Excel hat dieser Prozess ca. 1 Tag gedauert. Das gute ist allerdings, dass man das auch nur 1-mal im Jahr machen muss.

Danach hat man die Möglichkeit eine Auswertung der jeweiligen Aktien vorzunehmen und sich filtern zu lassen, welche Mindestpunktanzahl die gefilterten Aktien haben sollen. In meinem Fall war die Bestpunktzahl 9. Diese wurde aber nie erreicht, weil negative Punkte von den positiven abgezogen wurden. Für die Auswertung habe ich das Wissen aus einigen Finanz- und Aktienbüchern einfließen lassen.

Wenn dann Aktien gefunden wurden, die die entsprechenden Kriterien erfüllt haben, konnte man sich aus den diesen Aktien weitere heraussuchen. Aus diesen finalen Aktien, konnte man jeden Tag die historischen Daten der Aktie aus dem Internet laden lassen. Das Programm hat dann automatisch weitere Berechnungen durchgeführt und gesagt, ob es sinnvoll ist die ausgewählte Aktie zu kaufen, zu verkaufen oder zu halten.

Abgesehen von der ursprünglichen Auswahl der Aktien hat die Tagesbewertung nur etwa 5 Minuten gedauert. Würde man dies manuell machen, wäre man mit Sicherheit einen ganzen Tag beschäftigt. Du siehst also, welche enorme Zeitersparnis sich hier generieren lässt.

5. DIE ERSTELLUNG VON APPS

Basierend auf meinen Erfahrungen mit der Excel VBA Programmierung habe ich mich auch mit anderen Programmiersprachen beschäftigt. Ich denke, dass hier jeder selber ausprobieren muss, was ihm zusagt. Da ich jemand bin, der den Luxus mag, nicht alles von Null auf machen zu müssen, habe ich ein Programm ausprobiert, welches von dem MIT bereitgestellt wird. Das Programm ist auf der Seite

https://appinventor.mit.edu/

zu finden.

In diesem Programm findest du die Grundbausteine der Programmierung bereits vorgefertigt und musst sie mehr oder weniger nur zusammensetzen, wie beim Puzzeln. Das System an sich gefällt mir. Ich muss aber auch sagen, dass entweder Aufgrund der gegebenen Dienstleistung oder meines Mangels an Wissen, nicht alles umgesetzt werden kann, was man möchte. Ich habe hier viele Versuche gebraucht, bevor ich einigermaßen eine App auf die Beine gestellt habe, die funktioniert hat. Meine Intention hierbei war die Programmierung einer Vokabelapp zum Erlernen einer Fremdsprache und die Erstellung einer App zur Lagerverwaltung.

In beiden Fällen kannst du jetzt sagen, dass es so etwas schon zu Hauf auf dem Markt gibt und da hast du Recht, aber man will ja auch etwas machen, was von den anderen nicht angeboten wird.

Mit der Vokabelapp habe ich beispielweise bezwecken wollen, dass ein Schüler oder mehrere Schüler aus einer Klasse Vokabeln in die App eintragen können. Und dass nur die Vokabel geübt werden können, die auch schon verwendet wurden. In den üblichen Vokabelapps sind sämtliche Vokabeln vorhanden, die man für den Anfang oder die fortgeschrittene Kommunikation einer Sprache benötigt. Das ist aber nicht hilfreich, wenn man eine Sprache von Anfang lernt. Das Prinzip ist bei allen Sprachen, die ich gelernt habe gleich. Zunächst lernt man die Vorstellung, wo man herkommt, wie alt man ist etc.. Dann geht es weiter mit Ortsangaben, Hobbies, Berufen und so weiter. Dann werden Schritt für Schritt die Grammatik mit eingebunden, sodass man unter anderen die Zeitformen lernt. Das ist in einer normalen Vokabelapp nicht unbedingt der Fall.

Leider ist es bei mir unter anderen an der Kenntnis gescheitert eine entsprechende serverbasierte Datenbank einzubinden, damit auch unterschiedliche Personen auf die App zugreifen können. Ähnlich hat es sich mit einer zweiten und meiner Hauptapp verhalten. Ich habe hierzu eine App entworfen, die in der Theorie sowohl für den Hausgebrauch, als auch für den gewerblichen Gebrauch hätte genutzt werden können. Diese App war ein vielseitiger Lagerplaner. Hier konnten unterschiedliche Artikel manuell erfasst werden und ein oder mehrere Barcodes hinterlegt werden. Das hatte den Hintergrund, dass, wenn man Zuhause beispielsweise sehr viele Lebensmittel hat und dennoch einen Überblick behalten möchte, die Verwaltung extrem aufwändig wäre, wenn man es anders machen würde. Wir nehmen das Beispiel Mehl. Wenn du gerne Brot und Brötchen backst, dann brauchst du unterschiedliche Sorten Mehl. Angefangen von normalen Mehl Typ 405, über Mehl Typ 550 bis hin zu Roggenmehl Typ 1150 oder andere. Dann kaufst du die Mehle vielleicht nicht immer im gleichen Laden, sondern einmal im Aldi, einmal im Lidl und einmal im Netto. Jede Verpackung hat einen anderen Barcode. Mit meiner App hättest du die Produkte 1-mal eingegeben, die Barcodes hinterlegt und hättest immer wieder die Produkte einfach scannen können und sie deinem Lager hinzufügen oder entnehmen können. Außerdem hat die App Möglichkeiten der Lagerübersicht bereitgestellt und Produkte automatisch einer Einkaufsliste hinzugefügt, wenn der Mindestbestand unterschritten wurde. Diese Einkaufsliste konnte dann auch bequem per WhatsApp versendet werden. Wenn man die Preise der Produkte ordentlich hinterlegt hat, hätte man vorher sogar gewusst, wie viel der Einkauf kosten wird.

Die Intention hinter dieser App war, dass ich in die App Werbung implementiere und der User nichts dafür bezahlen muss, ich aber dennoch Gewinn erziele. Als ich mit der Programmierung der App fertig war, habe ich leider festgestellt, dass die Implementierung von Werbung mit dem MIT APP Inventor leider nicht möglich ist. Das ist aber ein ganz entscheidender Faktor, denn ich wollte die App kostenlos anbieten, damit sie von mehr Usern gedownloadet wird. Nach der Feststellung, dass ich keine Werbung implementieren konnte, habe ich mich dazu entschieden die App kostenpflichtig anzubieten und es hat sich leider niemand dafür interessiert. Auch hier kannst du dir natürlich wieder überlegen, ob du das anders machen würdest oder nicht, aber, wenn du tatsächlich eine App geschrieben hast, musst du schon vor der Veröffentlichung sicherstellen, dass du alle Datenschutzrichtlinien eingehalten hast, dass du keine Urheberrechte verletzt, dass du keine Kinderrechte verletzt, dass du ein Gewerbe und am besten eine Versicherung abgeschlossen hast und und und. Selbst, wenn du das alles auf minimalistische Weise erledigst, entstehen dir Kosten, die dich letzten Endes ebenfalls dazu bringen werden Geld dafür zu verlangen. Oder du bist von vorn herein so schlau und suchst dir ein entsprechendes Programm aus, was es dir ermöglicht Werbung zu schalten.

Es gibt wie gesagt viele unterschiedliche Auswahlmöglichkeiten für die Erstellung von Apps. Ob du dich für eine eher visuelle Version, wie die von Excel oder App Inventor entscheidest oder eine richtige Programmiersprache wie Java auswählst, liegt an dir, deinem Können und dem, was du umsetzen willst. Es sei an dieser Stelle aber noch erwähnt, dass auch hier wieder die Möglichkeit besteht, dass du dir dein Vorhaben durch einen Dritten umsetzen lassen kannst. Es gibt genügend Firmen oder auch Anbieter bei zum Beispiel fiverr.com, die dir deinen Wunsch umsetzen. Dann hast du aber ebenfalls wieder das Problem, dass das Geld kostet. Aus meiner Erfahrung heraus würde ich das definitiv nicht bei Firmen in Europa durchführen lassen, da die

Kosten, die dann für dich entstehen, ganz schnell Werte anneh-
men, die dir die Haare zu Berge stehen lassen.

6. BILDUNG UND JOBWAHL

Wie ich dir zu Beginn des Buches schon einmal berichtet habe, ist natürlich auch die Wahl deines Bildungsweges oder der Möglichkeiten, die sich für dich berufstechnisch in deinem Umfeld ergeben entscheidend. Es gibt sicherlich Menschen, bei denen der Horizont so niedrig angesetzt ist, dass sie froh sein können, den Weg zur Toilette zu finden und nicht wie früher auf den Misthaufen zu gehen. Da du dir dieses Buch gekauft hast, gehe ich aber nicht davon aus, dass du zu denen gehörst. Bei solchen Menschen kann man nicht erwarten, dass die notwendige Basis dafür da ist, komplexe Aufgaben zu lösen. Das soll aber nicht heißen, dass diese Menschen es nie und unter keinen Umständen in Ihren Leben zu etwas bringen könnten. Gerade in der heutigen Zeit und mit den medialen Möglichkeiten kann es durchaus sein, wenn auch solche Menschen zur richtigen Zeit am richtigen Ort sind, dass sie von jetzt auf gleich zu Millionären werden. Dazu muss man weder schlau sein, noch besonders gut aussehen. Es reicht schon aus etwas dummes zu sagen. Beispiele gibt es dafür bei YouTube und co. zur Genüge. Selbst, wenn das nur Eintagsfliegen sind, reicht genau das aus, wenn man nicht als Ziel hat, dauerhaft eine Marke in der Welt zu sein oder einen dauerhaften Mehrwert zu bieten.

Wenn man aber nun davon ausgeht, dass dem Erfolg eine gewisse Bildungsstufe vorausgeht, dann wäre eine Überlegung sich selbständig zu machen. Die besten

Voraussetzungen hierfür hat man meines Erachtens als Meister. Als Meister hat man genügend Erfahrung in allen Bereichen, die das Arbeitsleben erfordern. Dazu zählen die praktischen Erfahrungen in dem jeweiligen Berufsfeld, aber auch die betriebswirtschaftlichen, um mit den entsprechenden Zahlen umgehen zu können. Außerdem ist es in vielen Berufsfeldern Pflicht einen Meister zu haben. Du darfst beispielsweise keine Wurst herstellen, wenn du nur ein Fleischergeselle bist.

Das Berufsleben ist aber ein Schauplatz für sich. Aus logischer Sicht heraus müsste man davon ausgehen, dass ein Mensch mit niedrigem Bildungsabschluss, beispielsweise Hauptschule nicht die Voraussetzungen erfüllt, eine entsprechende Führungsposition in einem Unternehmen zu bekommen, da einfach die notwendigen Grundlagen fehlen. Ich möchte damit aber nicht sagen, dass ein Mensch der Dr. ist automatisch schlauer ist, als ein Mensch der die Schule vielleicht nicht einmal geschafft hat. Ich habe schon mit genügend Doktoren zusammengearbeitet, bei denen ich mich gefragt habe, wo sie ihren Doktortitel gekauft haben.

Man muss aber davon ausgehen, dass der richtige Bildungsweg dazu geführt hat den Menschen nicht schlauer bezüglich des eigentlichen Wissens zu machen, aber bezüglich der Denkfähigkeit. Ich kann mir beispielweise nicht vorstellen, bei all dem, was ich im Maschinenbaustudium gelernt habe, oder hätte lernen sollen, dass davon auszugehen ist, dass all das Wissen im Nachhinein angewendet werden können sollte. Dazu ist einfach der Umfang viel zu groß. Wenn ich ehrlich bin, habe ich nach dem Studium zwar gedacht, dass ich sonderlich schlau bin, aber im Endeffekt ist man aus Sicht eines Berufserfahrenen sehr dumm. Das kann man bei nahezu allen Studenten feststellen. Sie sollen zwar alles lernen, wissen hinterher aber nichts. Das einzig gute ist, dass im Normalfall die Fähigkeit des logischen Denkens und die Fähigkeit sich selber Wissen anzueignen gefördert wurde und hinterher eine Aufgabenstellung besser zu lösen ist, als, wenn man nicht studiert hat.

Je nachdem, welchen Bildungsweg du also eingeschlagen hast, kannst du dir überlegen, ob du beispielweise ein Handwerk als Meister eröffnest oder eventuell in die Richtung eines Geschäftsführers gehst. Solltest du dich für die zweite Variante entscheiden, kann ich dir aus eigener Erfahrung sagen, dass du dazu viel Glück benötigst. Hast du dazu nicht das richtige studiert oder an der richtigen Universität oder du kennst nicht die richtigen Leute, dann kannst du das nahezu vergessen. Als Beispiel nehme ich mich selbst. Ich habe Maschinenbau studiert und hatte sämtliche technische Lehrgebiete, die man sich vorstellen kann. Da waren reine Maschinenbaufächer, wie Maschinenelemente oder Werkstoffkunde dabei, aber auch fremdartige Themengebiete, wie Elektrotechnik, Informatik, Naturwissenschaften, wie Physik und Chemie aber auch wirtschaftliche Gebiete, wie Arbeitsvorbereitung, Projektmanagement oder Wirtschaftslehre. Das heißt, als Maschinenbauingenieur ist man theoretisch fast universell einsatzfähig. Ob das gut ist, naja diese Frage konnte ich mir selbst noch nicht 100%ig beantworten. Vielleicht ist es besser, wenn man eine eher Fachspezifische Ausbildung erhält. Jedenfalls sollte man denken, dass, wenn man dieses Studium absolviert hat und eine entsprechende Berufserfahrung mitbringt, es nicht schwierig sein sollte, in eine Position als Geschäftsführer zu wechseln. Doch in der Realität sieht das ganz anders aus. Wie die Ignoranz, neue Systeme einzuführen, wie ich dir im Kapitel mit der Excelprogrammierung gesagt habe, ist es leider ein weitverbreitetes Phänomen, dass Arbeitgeber offensichtlich Angst davor haben, qualifiziertes Personal einzusetzen. In meinem Lebenslauf gibt es an sich nichts, wo man sagen könnte, dass es negativ ist, außer, dass ich für die Anzahl der gearbeiteten Jahre schon relativ viele Arbeitsgeber hatte. Wichtig dabei ist doch aber, was bei den jeweiligen Arbeitgebern umgesetzt wurde. Ich habe in meinem Leben weit mehr als 400 Bewerbungen geschrieben. Ich habe mir sogar extra einen Berater dafür geholt, damit ich mir Informationen einholen kann, was Sinn macht bezüglich Formatierung etc. Auch hier kann ich dir sagen, ob du das machst oder nicht, wird wahrscheinlich keinen großen Unterschied machen. Vorlagen für Lebensläufe gibt es zu Hauf im Internet. Da ich mich immer wieder mit verschiedenen Zuständigen unterhalten habe, die Bewerbungen entgegennehmen, habe ich erfahren, dass das grundlegende Aussehen keine sonderliche Rolle spielt. Wichtig ist zunächst, dass keine Schreibfehler oder Lücken vorhanden sind, bei denen sich der potentielle Arbeitgeber fragen könnte, was in dem Zeitraum gewesen ist. Ich kann dir aber sagen, dass es völlig egal ist, ob du deinen Lebenslauf oder das Anschreiben kurz oder lang, stino oder extravakant machst. Das Ergebnis hängt immer von dem ab, der dein Dokument in die Hände bekommt. Hast du ein förmliches Dokument, kann das als genauso falsch angesehen werden, als wenn du es kribbelbunt machst. Die einen finden eine kurze Ausführung besser, die anderen eine lange. Egal wie du es machst, entscheiden wirst nicht du, ob es gut ist.

Ich habe mir beispielweise sehr oft die Frage gestellt, warum ich mit meinen erworbenen Kenntnissen keine entsprechende Stelle und vor Allem das entsprechende Gehalt beziehe. Es gibt dazu ein schönes Buch. Das heißt: „Das Peter Prinzip" mit der ISBN 3499613514.

Sollte es dir genauso gehen, dann findest du da die Antworten auf deine Fragen. Ich gehe auch wirklich fest davon aus, dass es genau so ist, wie in dem Buch beschrieben. In der Kurzfassung geht es dabei darum, dass in einem Betrieb, gleich welcher Art, es immer Stellen zu besetzen gibt. Das fängt erst einmal im Kleinen an, in dem die Firma beispielweise eine Stelle als Maschinenbediener zu besetzen hat. Für diese Stelle sind prinzipiell keine sonderlichen Bildungsvoraussetzungen vorhanden. Es ist hilfreich, wenn man lesen und schreiben kann, aber die eigentliche Ausführung der Arbeit, indem Teile in eine Maschine gelegt werden und ein oder mehrere Knöpfe gedrückt werden, sollte jeder hinbekommen, der im Spielkasten nicht zwanghaft probiert hat das Dreieck in die Kreisform zu drücken.

Erfüllt dieser Mitarbeiter nun die Anforderungen an diese Position und macht nebenbei einen zufriedenstellenden Eindruck, so kann es durchaus sein, dass bei der Suche einer anderen Stelle, wie die des Schichtleiters, er in die engere Auswahl kommt. Wenn dieser Mitarbeiter dann tatsächlich die Stelle erhalten hat und zum Erstaunen seiner Kollegen die Arbeit in dieser Position ebenfalls zufriedenstellend erledigt, kann es weiterhin sein, dass bei der Besetzung der nächst höheren Position, zum Beispiel als Abteilungsleiter, er ebenfalls berücksichtigt und gegebenenfalls auch ausgewählt wird. Nun muss man dabei aber berücksichtigen, dass der auserwählte Mitarbeiter in manchen Bereichen aufgrund von Erfahrung im Betrieb gegebenenfalls das notwendige Wissen mitbringt, aber das nötige Grundwissen fehlt. Wir nehmen dafür das Beispiel des Abteilungsleiters. Wenn der auserwählte Mitarbeiter als Maschinenbediener angefangen hat, hatte er die Möglichkeit sich den Fertigungsablauf mehr oder weniger im Detail jeden Tag anzuschauen. Er hat gesehen, was der Schichtleiter gemacht hat und er hat gesehen, was der Abteilungsleiter gemacht hat. Wenn er diese Stelle besetzt, wird er dieses Wissen anwenden und sich genauso vorhalten, wie seine Vorgänger. Damit bleibt zumindest der Ablauf des Geschehens der gleiche. Ob das nun aber vorteilhaft beziehungsweise gut für die Firma ist, ist anzuzweifeln. Dieser auserwählte Mitarbeiter kann theoretisch in unbegrenzte Höhen der Karriereleiter speziell dieser Firma klettern. Das Problem, was darin besteht ist, dass ihm ab einem gewissen Punkt das nötige Wissen für diese

Position fehlt. Da er aber von einem Vorgesetzten auserwählt wurde, müsste sich der Vorgesetzte die Unfähigkeit des Auserwählten einstehen, was nicht passieren wird. Deswegen wird der Auserwählte in den meisten Fällen auf der ausgewählten Position bleiben, kann aber aufgrund mangelnden Wissens diese Position nicht zufriedenstellend erfüllen. Das ist der Grund warum in so vielen Firmen Menschen in Positionen sind, die dort einfach nicht hingehören.

Wenn dieser Auserwählte nicht selbständig die Firma verlässt, zum Beispiel deshalb, weil er entweder selber unglücklich ist oder den Hochmut besitzt zu glauben, dass er der richtige für diese Position ist und parallel in einem anderen Unternehmen nach ähnlichen Positionen schaut, wird diese Stelle immer fehlbesetzt sein.

Genauso, wie es mit dem Eingestehen der Falschbesetzung der Stelle ist, verhält es sich auch mit der Neubesetzung von Stellen. Hast du einen entsprechenden Bildungsabschluss oder geeignete Qualifikationen, reizt es den potentiellen Arbeitgeber natürlich dich einzustellen, weil er weiß, dass die Firma mit dir einen Zugewinn hätte. Dem stehen aber zwei negative Aspekte gegenüber. Zum einen, wenn du weißt, dass du gut bist, wirst du ein entsprechendes Gehalt verlangen, was der potentielle Arbeitgeber nicht gewillt ist zu bezahlen. Zweitens kann der potentielle Arbeitgeber, je nachdem, wer bei deinem Vorstellungsgespräch dabei ist, eine Gefahr darin sehen, dass du besser bist, als dein potentieller Vorgesetzter. Damit würdest du früher oder später an seiner Position sägen und stellst eine potentielle Gefahr dar. So dumm, wie sich das anhört, ist es leider in der Realität wirklich. In modernen Unternehmen wird mittlerweile geprüft, inwiefern ein neuer Mitarbeiter in das bestehende Team passen könnte. Das ist vom Grundsatz nicht neu. Es nützt schließlich niemanden etwas, wenn man einen Mitarbeiter hat, der zwar fachlich perfekt ist, aber keinerlei Sozialkompetenz besitzt. Wenn dadurch die Arbeitsmoral des gesamten Teams gedrückt wird, kann das keinen Mehrwert für das Gesamtunternehmen darstellen. Würden aber die Geschäftsführer oder Personen in Führungsposition eine fachliche Weiterbildung in Personalführung oder ähnlichen bekommen, dann sollten solche Probleme, wie eben beschrieben gar nicht auftreten. Wenn ein Mitarbeiter besser ist, als ein anderer und gewillt ist die Firma voran zu treiben, dann sollte man das als Führungskraft erkennen und unterstützen. Sicherlich ist irgendwann das Ende der Fahnenstange erreicht, aber bis dahin kann und sollte man als kompetenter Geschäftsführer oder Vorgesetzter seine Mitarbeiter fördern, so gut es geht.

Um nun auf deine Bewerbung als Geschäftsführer oder Führungspersönlichkeit zurück zu kommen, kannst du mit den vorangegangenen Aussagen hoffentlich besser verstehen, warum deine Bemühungen wahrscheinlich ebenfalls vergeblich sein werden. Anders sieht das schon wieder aus, wenn du Beziehungen hast. Beziehungen sind immer da A und O, gehen aber im Endeffekt wieder in die genannte Richtung, weil dann weniger deine Fachlichkeit als deine soziale Stellung gegenüber deiner Beziehung beurteilt wird.

Wenn du diesen Vorteil weiterhin ausnutzen willst, ist es wahrscheinlich ratsam eine entsprechende Universität zu besuchen, an der, ich nenne es einmal Betriebsführung (Business Administration) gelehrt wird. Es ist davon auszugehen, dass bei der Wahl der entsprechenden Uni die entsprechenden Kontakte bereits während des Studiums geknüpft werden, sodass minderwertige Stellen nach dem Studium gar nicht zur Auswahl stehen. In den meisten Fällen haben wir dann aber dennoch wieder das Problem, dass in diesem Fall Studenten, die keine Ahnung haben, in Positionen kommen und als Vorgesetzter agieren, die bessere Kandidaten mit besserem Wissen nicht an die Position lassen, an die sie gehören würden.

Es ist wahrscheinlich nicht notwendig zu erwähnen, dass du mit der Besetzung einer entsprechenden Position bedeutend mehr verdienst, als weiter unten auf der Karriereleiter. Dementsprechend stehen dir aber auch mehr Möglichkeiten offen, dein Millionenziel zu erreichen.

Je nachdem, welchen beruflichen Weg du für dich gehen wirst, bedenke dabei aber auch immer die Rahmenbedingungen. Damit meine ich Faktoren, wie Stress, saisonale Schwankungen und Schwankungen der Kunden. Solltest du beispielsweise Arzt werden, ist davon auszugehen, dass du immer Kunden haben wirst, da es immer Krankheiten geben wird. Wenn du nicht gerade als Chirurg im Krankhaus arbeitest und so gesehen auch nur ein Angestellter bist, ist davon auszugehen, dass sich dein

Stresslevel in Grenzen halten wird. Entscheidest du dich für einen Meister im Handwerk, kann es durchaus sein, dass du auch immer Kunden haben wirst, weil diese immer etwas konsumieren oder benötigen. Du hast hier aber andere Probleme, wie die Preisschwankungen deiner zugekauften Ware oder, dass du fähiges Personal findest oder je nachdem, für welchen Berufszweig du dich entscheidest deine eigene körperliche Verfassung im Verlauf der Zeit abnimmt und du nicht mehr die gleiche Leistung bringen kannst, wie mit 30.

Entscheidest du dich für eine Laufbahn im industriellen Bereich, wirst du den meisten Stress haben, aber ggf. auch das meiste Geld verdienen. Es ist immer schwierig abzuwägen, was wichtiger ist. Ich freue mich immer für die Leute, die behaupten, dass sie glücklich in ihren Job sind und theoretisch ihre Erfüllung gefunden haben. Ich kann mir aber dennoch nicht vorstellen, dass sie ausreichend Geld verdienen, um sich einen relativ sorgenfreien Lebensstandard zu leisten. Es gibt dafür ebenfalls ein schönes Buch, welches „Bull Shit Jobs" heißt und die ISBN 9783608982459 hat. Darin wird genau dieses Problem beschrieben, dass Jobs, die den Mitarbeitern Spaß machen, schlecht bezahlt werden und die die besser bezahlt werden, machen keinen Spaß mehr. Das ist wohl auch das ewige leidige Thema für alle Angestellten im mittleren und höheren Management, bis in diese Größenordnungen, wo die Anzahl der Mitarbeiter, die man betreut wieder abnimmt und dafür das Gehalt unverhältnismäßig steigt.

In diesem Teil des Buches möchte ich dir ein paar Erfahrungen meinerseits über die Gastronomie erzählen. Grundlegend ist es natürlich erst einmal wie immer. Es gibt so viele Möglichkeiten etwas umzusetzen. Entweder man setzt alles auf eine Karte und gründet ein großes Restaurant mit 20 oder mehr Angestellten, oder man fängt als kleiner Imbissverkäufer oder an einen Bratwurststand an. In Berlin sieht man zum Beispiel sehr oft, gerade auf dem Alexanderplatz, Menschen mit mobilen Grills herumlaufen. Zugegeben wirkt das nicht sonderlich hygienisch, aber die Würste, die dort verkauft werden, schmecken erstaunlich gut. Ich kann dir nicht sagen, ob diejenigen sich die Würste auch nur kaufen und weiterverkaufen, oder ob sie von einem Fleischer Angestellte sind. Es ist aber auf jeden Fall eine Idee, wie man möglichst flexibel sein kann und seine Ware verkaufen kann. Hier ist aber auch zu bedenken, dass das primär eine Schönwetteraktion ist. Ich kann mir nicht vorstellen, dass sich das in irgendeiner Art und Weise lohnt, wenn es sehr kalt oder regnerisch ist. Aber davon abgesehen, wenn man mit dieser Idee Millionär werden möchte, hat man hinterher wahrscheinlich eher Probleme mit der Sehnenscheide, als mit allen anderen. Rechnen wir das grob durch. Wenn 1 Bratwurst im Einkauf 1€ kostet, ein Brötchen 0,30€ und Holzkohle, Senf, Ketchup etc. 0,20€, dann haben wir pro Bratwurst 1,5€ Materialeinsatz. Wird die Bratwurst für 3,5€ verkauft, wie es heutzutage normal ist, hat der Griller so gesehen

2€ an eine Bratwurst verdient. Würde man das im Raum stehen lassen, sodass er sich nicht selber bezahlt oder irgendwelche anderen Kosten begleichen müsste, dann müsste er 500.000 Bratwürste verkaufen, um sein Ziel zur Million zu erreichen. Davon ausgehend, dass ein Grill mit 10 Bratwürsten belegt wird und diese ca. 20 Minuten benötigen, bis sie fertig sind, dann wären das 1 Mio. Minuten, was 16.667 Stunden entspricht. Wenn wir das pro 8 Stunden Arbeitstag und mit 220 Arbeitstagen pro Jahr verrechnen, dann wären das knapp neuneinhalb Jahre, die derjenige Bratwürste am Stück drehen und verkaufen müsste, damit er seine Million erreicht. Ich glaube mir würden da die Arme abfallen.

Das ist nur einmal ein Beispiel, an dem man sehen kann, dass sicherlich alles in klein angefangen werden kann, aber dann bekommt man auch nur kleines Geld. Kleines Geld ist besser, als gar kein Geld, aber nicht, wenn man dafür arbeiten muss. Vor Allem, wenn diese Arbeit auch noch körperlich ist.

Nun gibt es aber auch die Möglichkeit, wie vorhin schon beschrieben, dass man direkt ins Big Business einsteigt. Aber das wollen wir in diesem Buch gar nicht wirklich beleuchten. Denn wem ist denn das wirklich vergönnt. Sicherlich kannst du dir, gerade in der heutigen Zeit, irgendwo ein Restaurant kaufen, was seine Tätigkeit aufgegeben hat. Dann wirst du voraussichtlich das Glück haben, dass du es mit sämtlicher Einrichtung für verhältnismäßig kleines Geld bekommst, aber du solltest dich natürlich auch fragen, warum das angeboten wird und warum für diesen Preis. Wenn es gut gelaufen wäre, dann würdest du es mit Sicherheit nicht für einen Apfel und ein Ei bekommen. Wenn es gut gelaufen wäre, hätte es aber vielleicht auch nicht verkauft werden müssen. Egal wie, die Summe, die du für etwas Gebrauchtes oder auch für etwas Neues aufbringen müsstest ist außerhalb des Rahmens, von dem wir hier reden. Schließlich wollen wir uns Gedanken darüber machen, wie man mit möglichst wenig Geldeinsatz und am besten mit möglichst wenig Arbeitseinsatz Millionär werden kann.

Damit wir den Gedanken aber dennoch nicht gleich beiseitelegen, möchte ich dir zwei Beispiele dazu sagen.

Mein Vater hat sich vor vielen Jahren auch eine gastronomische Einrichtung gekauft. Der Zustand des Objektes war zwar so, dass man es benutzen konnte, aber es musste auch viel renoviert werden. Zu dem Zeitpunkt, als er sich das Objekt gekauft hat, waren Teile davon an unterschiedlichste Nutzer vermietet. Die Intention war, dass das Objekt weiter primäre Einnahmen durch die bestehenden Mietverhältnisse erzielt. Schritt für Schritt haben sich diese aber aufgelöst. Dann war die Frage, was damit gemacht wird. Neue Mieter und neue Probleme oder selber ein Geschäft aufziehen. Die Wahl fiel auf die zweite Option. Kurzerhand hat er sich dazu entschlossen die Gastronomie selber zu übernehmen. Das Objekt war nicht klein. Es hatte zwei Gaststätten und einen Saal. Die Renovierungskosten sind auch ohne die Mieter angefallen. Er hat auch wirklich alles probiert, was man in diesem Geschäft anbieten kann. Er hat am

Wochenende Kaffee, Kuchen und Eis angeboten. Er hat gegrillt, er hat sich an sämtlichen öffentlichen Anlässen beteiligt, hat selber die unterschiedlichsten Partys ausgestattet. Alle bekannten Feierlichkeiten wurden gefeiert. Ob Disko, Ostern, Weihnachten, Silvester oder was sonst noch über das Jahr anfällt. Selbst extravagante Feiern, wie „All you can eat -Schinkenpartys" hat er gegeben. Man muss dazu sagen, dass das Objekt, welcher er sich gekauft hat in einer kleinen Stadt platziert war. Am Anfang war das Interesse der Bürger sehr groß. Obwohl es zum damaligen Zeitpunkt in der Stadt mehr als 30 gastronomische Einrichtungen unterschiedlichen Typs gegeben hat, waren die Feiern sehr gut besucht. Dieser Hype flaute aber irgendwann ab. Dann waren weniger Leute zu den Veranstaltungen da, dann wurden weniger Veranstaltungen durchgeführt und zum Schluss waren eigentlich nur noch die Stammkunden am Tresen übrig. Wenn man sich das überlegt, kann man zwar sagen, dass es gut ist, solange es funktioniert, aber, wie bei allen Vorhaben, was ist, wenn es nicht mehr funktioniert. In diesem Business kann man nicht so einfach umschwenken, als wenn man beispielweise einen Industriebetrieb mit einer CNC Maschine hat. Den Kredit, den man dann für so etwas aufgenommen hat, muss man dennoch weiter zurückzahlen. Deswegen habe ich dir vorhin auch gesagt, dass, wenn du so etwas vorhast, dann solltest du vor Allem überlegen, ob die Lage für dein Vorhaben geeignet ist. Ein gutes Beispiel für mich ist immer wieder ein Restaurant im Speckgürtel von Erfurt. Dieses Restaurant hat zwar Unterbringungsmöglichkeiten, die hauptsächlich von Handwerkern genutzt werden, aber das Restaurant liegt an sich völlig abgelegen auf einem Dorf, in dem nichts los ist. Hätte ich dort nicht einen Freund, hätte ich wahrscheinlich nie im Leben etwas davon mitbekommen. Jedes Mal, wenn ich mit ihm dort hin gehe, ist das Restaurant fast voll. Grund hierfür sind denke ich die üppigen und gut schmeckenden Gerichte zu einem vernünftigen Preis. Man kann sagen, dass der Aufbau ähnlich ist, als der von meinem Vater. Dennoch scheint die Nähe zur Großstadt hier einen entscheidenden Vorteil zu bringen. Sollte das entsprechende Restaurant dann noch in Zentrumslage einer größeren Stadt liegen, kann man sich denken, dass man sich als Besitzer wahrscheinlich nicht so viele Gedanken um Kundschaft machen muss.

Aber wie gesagt, ob man sich solch einen Klotz ans Bein binden will, sollte man in einem anderen Licht beleuchten. Wir wollen ja eher vom Minimalprinzip ausgehen und idealerweise von Arbeiten, die man nebenbei erledigen kann.

Um hier ein weiteres Beispiel in dieser Branche zu beleuchten ist die Arbeit als Angestellter in der Gastronomie. Diese Möglichkeit wird von vielen Menschen genutzt, die sich nebenbei etwas dazu verdienen wollen. Ich habe auch jahrelang in der Gastronomie gearbeitet. Man muss dazu sagen, dass das ein sehr gutes Beispiel für das im letzten Kapitel erwähnte Buch (Bull shit jobs) ist. Bei dieser Arbeit verdient man grundlegend sehr wenig, weshalb es üblich ist, dass eine Bedienung beispielweise Trinkgeld bekommt. Heutzutage, zu Zeiten des Mindestlohnes, ist der Unterschied normalerweise ausgeglichen, aber es gehört dennoch zum guten Ton. Geht man dieser Arbeit nach, will ich nicht in Abrede stellen, dass diese anstrengend oder auch nervig sein kann. Schließlich hat man es hier auch mit den unterschiedlichsten Menschentypen zutun. Dennoch sind die meisten Besucher immer gut gelaunt und das Arbeiten macht Spaß. Wie sieht es denn aber hier mit den Verdienstmöglichkeiten und der einzubringenden Zeit aus. Wenn man davon ausgeht, dass ein Angestellter für 15€ pro Stunde (Netto) arbeitet, dann müsste er 66.667 Stunden arbeiten, bevor er 1 Mio. verdient hat. Umgerechnet sind das bei 8 Stunden pro Arbeitstag 8.333 Tage, was fast 38 Jahren entsprechen würde. Vergleich das einmal mit dem Bratwurstgriller. Dann schon lieber Bratwürste grillen.

Dieses Beispiel ist auch ein gutes Beispiel für die breite Masse an Arbeitnehmern. Viel mehr, als dieses Geld werden die meisten nicht verdienen. Eher ist es noch so, dass sie das Brutto verdienen. Wenn man sich dann überlegt, was von dem Geld alles bezahlt werden muss, weißt du wieder, warum dieses Buch entstanden ist und du es liest.

Es ist an dieser Stelle aber noch anzumerken, dass die meisten Bedienungen das Glück haben, dass sie Trinkgeld bekommen. Auch, wenn heutzutage die Menge an Trinkgeld extrem zurück gegangen ist, würde ich davon ausgehen, dass eine Bedienung in einem guten Restaurant 50€ Trinkgeld pro Tag bekommt. Wenn wir das mit in die Rechnung einfließen lassen, dann werden aus den 8.333 Tagen auf einmal nur noch 5.882 Tage, was knapp 27 Jahren entspricht. Das ist immer noch eine unheimlich große Menge an Zeit, aber immerhin 11 Jahre gespart. Das sind 11 Jahre Lebenszeit, die man dadurch gewonnen hat. Auch wenn das alles nur vereinfachte theoretische Rechnungen sind, sollte man das nicht einfach abwerten.

Meine Frau und ich haben beispielsweise auf einem Bierwagen gearbeitet. Dabei sind uns auch solche Gedanken durch den Kopf gegangen. In unserem Beispiel haben wir verschiedene Situationen erlebt. Schauen wir uns einmal die Unterschiede an. Bei dieser Gelegenheit möchte ich erwähnen, dass ich bei diesen theoretischen Betrachtungen immer ein Freund davon bin, wenn man ein Business anfängt, welches nach Möglichkeit skalierbar ist. Was das bedeutet, machen die beiden Beispiele deutlich.

Wir haben auf verschiedenen Veranstaltungen auf einen normalen Bierwagen Getränke ausgeschenkt. Das Hauptaugenmerk dabei lag auf Bier. Es gab aber auch alkoholfreie Getränke. Diese und mögliche andere alkoholhaltigen Getränke lassen wir aus der Betrachtung heraus. Natürlich muss man auch immer von Veranstaltung zu Veranstaltung und möglicher Wetterlage und Konkurrenz unterscheiden, dennoch gehen wir von einem durchschnittlichen Verbrauch aus. Auf dem normalen Bierwagen haben wir an einem Tag beispielsweise 4 Fässer Bier ausgeschenkt. Das Bier in unserem Fall stammte direkt vom Hersteller und ist diesen natürlich bedeutend billiger gekommen, als wenn er das Bier zugekauft hätte. Dementsprechend höher fällt der Gewinn aus. Da wir aber davon ausgehen, dass wir keine eigene Brauerei haben, sondern das Bier einkaufen, gehen wir von einem Einkaufswert von 130€ pro 50L Fass aus. Das ist ein Bierpreis von 2,60€/L. Das ist im Vergleich zu den Jahren von vor 2020, wie bei nahezu Allem, sehr viel. Da aber auch die Verkaufspreise gestiegen sind, gehen wir von 4,50€ pro 0,5L Glas aus. Durch das Glas vermeiden wir zusätzliche Kosten für Plastikbecher, die nur einmalig verwendet werden. Man würde bei dieser Betrachtungsweise aus einem Fass Bier 100 Gläser herausbekommen, wenn man beim Abfüllen nichts verschütten würde, was nicht der Normalfall ist. Wir betrachten es aber so, da es in dem zweiten Beispiel nahezu so ist. Bei 100 Gläsern, würde man Einnahmen bei dem vorangegangenen Preis von 450€ pro Fass haben. Das wäre ein Gewinn von 320€. Bei 4 Fässern pro Tag sind das 1200€. Das klingt auf jeden Fall besser, als in den vergangenen Beispielen. Selbst, wenn man diese 280€ zum Schönrechnen für Standgebühren und Material, wie dem Wagen abzieht, bleiben 1000€ pro Tag übrig. Die Kosten für das Personal beziehen wir wie immer nicht ein, denn wir sind das Personal und was wir mit dem Geld machen sei erst einmal dahingestellt. Bei 1000€ pro Tag bräuchte man für 1 Mio. also nur 1000

Tage arbeiten. Das sind viereinhalb Jahre. Das klingt für mich schon einmal sehr gut.

Ich gehe aber davon aus, dass sich das zweite Beispiel noch viel besser anhören wird. In diesem Fall haben wir ebenfalls Bier ausgeschenkt, hatten dafür aber eine automatische Füllmaschine, die 6 Biergläser gleichzeitig ausgeschenkt hat. An diesem Tag haben wir 27 Fässer Bier ausgeschenkt.

Rechnen wir wieder mit den gleichen Zahlen, so kommt man auf einen Umsatz von 12.150€ mit einem Gewinn von 8.640€. Mit diesem Gewinn müsste man nur 115 Tage arbeiten. 115; lass dir diese Zahl noch einmal auf der Zunge zergehen. Davon ausgehend, dass du selbst, wenn du mit 26 dein Studium beendet hast und 220 Arbeitstage pro Jahr hast und bis 67 arbeiten musst, dann musst du 9020 Tage in deinem Leben arbeiten.

Sicherlich sind das alles wieder nur idealisierte Bedingungen aber, da wir das in jedem Beispiel machen, sind diese sich dennoch ähnlich. Je nachdem, wie man hier anfangen will, kann man auch die Kosten einigermaßen im Griff halten. Man muss sich beispielweise einen Bierwagen nicht zwangsläufig kaufen. So etwas gibt es auch zu mieten. Auf Dauer ist das aber keine Lösung. Problematisch bei dieser Art des Geschäftes ist es aber, dass man überhaupt einen Standplatz bekommt, das Wetter mitspielt und die Kunden da sind, die die Ware auch trinken. Wenn man sich überlegt, dass ein durchschnittlicher Besucher ggf. 2 Getränke holt, dann sind das bei dem zweiten Beispiel schon 1350 Besucher. Diese muss man auch erst einmal auf einer Veranstaltung haben und bedienen können. Auf kleinen Feierlichkeiten in kleinen Gemeinden muss man da also nicht anfangen.

Wie du allein an den Beispielen in diesem Kapitel sehen kannst, gibt es auch innerhalb einer Branche so viel Auswahl, dass man vielmals nur die Augen offenhalten muss und vielleicht einfach nur an der falschen Stelle arbeitet. Da ich dir gesagt habe, dass ich skalierbare Produktionen mag, hast du wahrscheinlich selber festgestellt, dass die Bierausschenkmaschine genau solch ein Hilfsmittel ist. Wenn du etwas anfängt und feststellst, dass der Bedarf größer ist, als das was du selber produzieren kannst, dann ist es an der Zeit deine Produktion zu erweitern. Das geht in kleinen, aber auch in großen Schritten. Diese Maschine kostet beispielweise 15.000€, was auf jeden Fall eine ordentliche Investition ist. Aber wenn du dir anschaust, was du damit an Mehreinnahmen erzielen kannst, stellst du ganz schnell fest, dass es sich mehr als lohnt. So geht das natürlich auch in jedem anderen Bereich.

8. DIE GELDDRUCKMASCHINE

Vor einigen Jahren habe ich den Dom in Naumburg besucht. Dort sind einige Figuren ausgestellt, die die Menschen aus der damaligen Zeit darstellen. Als ich mir diese Figuren angeschaut habe, habe ich festgestellt, dass sie allesamt traurig sind. Es ist nicht eine Figur dabei, die eine positive Ausstrahlung hat. Ich habe darüber nachgedacht, warum das so ist. Die Menschen damals hatten kein Fernsehen, keine Autos, nicht einmal Toiletten. Sie hatten, so denke ich zumindest, alle Arbeit. Arbeit, der sie überwiegend selber nachgegangen sind, da es zu dieser Zeit noch keine Industrialisierung gab. Sicherlich gab es damals auch schon genügend Gewerbe, bei denen Menschen angestellt waren, aber ich denke dennoch, dass die meisten ihr eigenes Gewerbe hatten und die Waren, die sie produziert haben, verkauft haben. Die Menschen damals mussten 10% ihrer Einnahmen an den Staat und oder die Kirche abgeben. Lange Zeit hat das immer sehr hart geklungen.

Wie ist das denn aber heute? Heute sind die meisten Menschen in irgendwelchen Industriezweigen angestellt und so gut wie niemand produziert mehr etwas selber. Das liegt mit Sicherheit auch mit an den ganzen Vorgaben, die der Staat macht und es gar nicht mehr gewollt ist, dass der Einzelne etwas selber macht. Dennoch sollte man doch davon ausgehen, dass solche, ich nenne es einmal, Angewohnheiten in den Menschen verankert sein müssten. Dieser natürliche Trieb nach vorne zu kommen. Geld zu verdienen, unabhängig zu werden, wohlwissend, dass das Leben auch anders aussehen kann, als fünf oder sechs Tage die Woche an die Arbeit zu gehen. Wieder und immer wieder. Und immer wieder das Gleiche. Manch einer mag noch Hoffnung verspüren, dass sich irgendwann etwas ändert, aber wenn du einmal ehrlich bist, denkst du tatsächlich, dass sich etwas ändert? Wenn nicht grundlegende Veränderungen herbeigeführt werden, die das Grundübel ausmerzen, dann wird sich nie etwas ändern. Wenn nicht komplette Strukturen verändert werden, wird sich auch der Rest nicht ändern. Das ist in einem Unternehmen so und das ist in der Politik so.

Für mich stellt sich nur immer wieder die Frage, warum die meisten Menschen gar keinen Ehrgeiz haben etwas zu ändern. Würden sich beispielsweise mehrere Leute zusammenschließen, würden sich teilweise ganz andere Möglichkeiten zur Erzielung von Einnahmen ergeben, als wenn man etwas alleine probiert. Sicherlich sind die Menschen unterschiedlich und wenn es mehr als einen Koch gibt, kann die Suppe auch schnell versalzen werden, aber solange man es nicht probiert, kann man es doch auch nicht wissen. Wenn ich nicht die ganzen Sachen probiert hätte, dann könnte ich auch dieses Buch nicht schreiben. Wenn ich nicht den Ehrgeiz hätte, mehr Geld verdienen zu wollen, dann wäre das das Gleiche.

Ich weiß nicht, wie es bei dir ist, aber bei uns vergeht im Prinzip kein Treffen mit anderen Menschen, bei dem es nicht darum geht mehr Geld zu verdienen, dass alles zu teuer ist, dass alles immer schlimmer wird und und und. Es kommt aber auch nie, nicht einmal eine Idee, was man dagegen unternehmen kann. In den meisten Fällen können sich die Leute einfach nur darüber beschweren, dass die Situation so ist, wie sie ist, aber es kommt niemand darauf, etwas proaktiv daran ändern zu wollen. Ich verstehe nicht, wie das funktioniert. Umgekehrt verstehe ich aber auch nicht, wie Leute, die mit 1500€ oder 1700€ nach Hause gehen, sich regelmäßig ein neues Auto, Urlaub oder ein Haus leisten können. Da gibt es bestimmt irgendetwas, was die können und mir nicht verraten wollen.

Ich möchte dir jetzt jedenfalls meine Erfahrung zum Geldanlegen schreiben. Das ist bisher das einzig greifbare, was ich dir von meiner Seite ans Herz legen kann. Wenn man Geld anlegen will, dann braucht man zunächst welches. Das könnte man zumindest meinen. Gut, es ist auch so, aber es sagt auch niemand, dass man 50.000€ braucht. Gerade in der heutigen Zeit kann jeder Mensch in viele Dinge Geld anlegen. Wir gehen die Beispiele, die mir hier vorschweben einmal durch.

Immobilien sind ein Begriff, der immer fallen wird, wenn es um Geldanlage geht. Wie verhält es sich denn aber mit Immobilien. Eine Immobilie kann eine Garage sein, eine Immobilie kann ein Einfamilienhaus sein, eine Wohnung, ein Mehrfamilienhaus oder etwas Virtuelles. Weitestgehend könnte man sogar noch Plätze und

Bungalows oder Wohnwagen dazu zählen. Was soll das alles bedeuten beziehungsweise, was steckt dahinter.

Es gibt Menschen, die sind mit Garagen reich geworden. Gerade in großen Städten gibt es immer einen Mangel an Stellplätzen oder Garagen. Wenn man dann in der glücklichen Lage ist, eine oder mehrere Garagen zu erwerben, kann man sich einen kontinuierlichen Geldfluss, den so genannten Cash Flow generieren. Wir nehmen hier ein Beispiel, in dem eine Garage für 10.000€ verkauft wird. Werden hier pro Monat 70€ Miete eingenommen, bedürfte es ca. 143 Monate, was in etwa 12 Jahren entspricht, bis die Garage abbezahlt ist. Alles, was danach kommt, wäre mehr oder weniger reiner Gewinn. Wenn dieser Fall eintritt, dann wären das für eine Garage im Jahr also 840€, für die man nicht arbeiten gehen muss. Das bedeutet, dass man, wenn man einen vernünftigen Lebensstil haben möchte, vierzig bis fünfzig Garagen kaufen müsste und diese dann immer vermietet sein müssen. Wenn man hier auf Nummer sicher gehen will, dann sollten das aber schon mindestens siebzig bis achtzig sein. Du musst dabei bedenken, dass solch eine Idee ziemlich viele Menschen haben und dementsprechend das Angebot von Garagen eher mager ist. Es kann ja auch kein Anspruch sein, wenn du in der Mitte von Deutschland wohnst, dass du dir in Berlin und München Garagen kaufst, denn du musst hier und da schließlich auch vor Ort sein können. Abgesehen davon, dass du wahrscheinlich in beiden Orten keine Garage für diesen Preis kriegen wirst, da jeder Meter in den Städten vergoldet ist. Unabhängig davon haben wir bei diesem

Beispiel aber zwei weitere Probleme. Nummer eins ist, dass du hierfür dennoch mindestens 10.000€ benötigst. Weiterhin willst du auch keine 12 Jahre warten, bis die erste Garage bezahlt ist, sonst hast du im Alter auch nichts mehr von dem Geld. Zweitens ist die Tatsache, dass die meisten Garagen auf Pachtgrundstücken stehen und du immer auf den guten Willen des Grundstückeigentümers, was meist die jeweilige Stadt ist, angewiesen bist. Ob du dir das dennoch antun willst, musst du natürlich wissen. Von meiner Seite sind das immer nur Anregungen, die ich dir mit auf den Weg geben kann.

Wir betrachten die Beispiele weiter. Ein Einfamilienhaus ist meines Erachtens keine Geldanlage. Als Geldanlage definieren wir eine Option, in der Geld investiert wird und sich das Geld früher oder später selber vermehrt. Das tut es bei einem Einfamilienhaus im Normalfall nicht. Der Normalfall wäre hierbei, dass du das Haus selber bewohnst und dir dadurch die Miete sparst. Das ist immer ein beliebtes Argument von Menschen, die keine Ahnung haben. Solltest du natürlich Mietausgaben haben, die völlig unrealistisch sind und dein potentielles Haus, dich weniger kosten, dann muss man da nicht drüber reden. In den meisten Fällen wird es aber nicht so sein. Solltest du dir ein Haus gekauft haben, in einer Lage, die potentiell attraktiv ist und deren Wert kontinuierlich steigt und du solltest dich entscheiden zu einem gewissen Zeitpunkt das Haus zu einem höheren Preis zu verkaufen, als den du dafür inklusive aller Nebenkosten etc. bezahlt hast, dann kann man tatsächlich von einer

Investition reden. Ich gehe aber davon aus, dass das die wenigsten machen, wenn sie es nicht müssen.

Solltest du dir ein Einfamilienhaus kaufen und es vermieten wollen, dann sieht sie Sache schon wieder anders aus. Bei der Vermietung kannst du selbstverständlich Einkünfte generieren. Dieses Beispiel deckt also das Einfamilienhaus, das Mehrfamilienhaus und die anderen mietbaren Objekte mit ab, die ich eingangs erwähnt habe. Bei all diesen Varianten hast du, vorausgesetzt du hast Mieter, auch kontinuierliche Mieteinnahmen und damit einen Cash Flow. Das Ganze setzt aber voraus, dass du eben auch das Geld für solch ein Objekt hast oder bereit bist aufzunehmen. Weiterhin hast du immer wieder einen gewissen Mehraufwand, den du nicht unterschätzen darfst. Solltest du keine verantwortlichen Personen dafür einstellen, die dich an dieser Stelle auch wieder Geld kosten, dann musst du dich um Abrechnungen kümmern, gegebenenfalls um Reinigung, Neuvermietung und die Erledigung von Reparaturen. Das ist auch immer ein Punkt, den viele Menschen gerne in den Skat drücken. Bei Immobilien kann immer gerne etwas kaputt gehen. Selbst, wenn man vieles davon von der Steuer absetzen kann, so muss man das Geld dafür erst einmal parat haben. Was ist zum Beispiel, wenn du dir ein Haus kaufst und auf einmal geht das Dach kaputt. Heutzutage sind hier 50.000€ gar nichts mehr.

Meines Erachtens sind das also Dinge, die nur in Frage kommen, wenn man so viel Geld hat, dass man so etwas als zusätzliche Anlage betreiben kann, aber dann auch in einem Maße, wo man entsprechende Verwalter dafür hat und alle zusätzliche Arbeit von sich weisen kann. Solltest du allerdings ein Haus haben, indem du einen Teil abtrennen kannst und diesen nicht benötigst, dann wäre es meines Erachtens sinnvoll, diesen zu vermieten. Damit hast du dann auch steuerliche Vorteile, wenn du etwas an dem Haus machst, weil du das dann anteilig absetzen kannst.

Eine andere Art in Immobilien zu investieren sind Immobilienfonds. So genannte REITS - Real Estate Investment Trusts. Diese gibt es in unterschiedlichen Ausführungen. Du kannst dein Geld hier meist nur über einen fixen Zeitraum anlegen und beteiligst dich damit im Prinzip an großen Bauprojekten, die früher oder später Gewinn abwerfen. Das kann ganz unterschiedlich viel sein, aber die Tatsache, dass das Geld gebunden ist, würde mir nicht gefallen. Solltest du dich dafür interessieren, kannst du bei Google relativ viel darüber finden.

Fragt man andere Menschen, wie sie ihr Geld anlegen, hört man oft Dinge, wie Autos, Uhren etc. Wie wir aber vorhin festgestellt haben, sind das nur Investitionen, wenn sie zum Zeitpunkt des Verkaufs mehr Geld einbringen, als beim Einkauf.

Schauen wir uns also die wirklichen Investitionsmöglichkeiten weiter an. Ist es eine Option sein Geld einfach nur Zuhause unters Kopfkissen zu legen? Nein, das ist es nicht. In Deutschland, wie wahrscheinlich überall auf der Welt herrscht Inflation. Manchmal mehr und manchmal weniger. In Deutschland haben wir in den letzten 50

Jahren durchschnittlich eine Inflation von 2,6%. Das bedeutet, dass dein Geld jedes Jahr 2,6% weniger Wert ist. An einem Zahlenbeispiel würde das bedeuten, dass wenn du dir 1.000€ unter dein Kopfkissen legst und lässt dieses Geld dort 30 Jahre liegen, dann ist dieses Geld, auch wenn noch 1.000€ dort liegen, nur noch 465€ Wert. Das bedeutet, dass mehr als die Hälfte des Wertes einfach dahin ist, nur weil der Staat nicht mit seinem Geld haushalten kann. Ähnlich ist das übrigens auch, wenn du zu den Leuten gehörst, die in ihren Leben nie eine Lohnerhöhung bekommen haben. Dann hast du auf jeden Fall einen glücklichen Chef.

Wie sieht das denn aber aus, wenn du dein Geld auf der Bank anlegst. Hier muss man natürlich verschiedene Anlagemöglichkeiten betrachten. Wenn wir nun einmal davon ausgehen, dass du dein Geld einfach auf dem Konto liegen lässt, dann gibt es aktuell zwischen 0,1 und 0,5% Zinsen. Du hast aber auch eine Kontoführungsgebühr von ca. 10€ pro Monat. Dann wäre dein Geld bereits nach 9 Jahren alle. Davon ausgehend muss man sich fragen, warum also das Geld auf dem Girokonto lässt oder überhaupt eines hat, zumindest, wenn man dafür etwas bezahlen muss. Würdest du dein Geld auf ein Tagesgeldkonto legen und müsstest dennoch die Kontoführungsgebühren bezahlen, würdest du im Durchschnitt 3,8% Zinsen bekommen. Wenn du das machst, wäre dein Geld nach 10 Jahren dennoch alle. Bei den beiden Betrachtungsweisen haben wir auch die Inflation außer Acht gelassen.

Wo können wir unser Geld denn noch anlegen? Edelmetalle. Edelmetalle sind generell eine gute Anlagemöglichkeit. Solltest du relativ jung sein und dir etwas für das Alter zur Seite legen wollen, bist du mit Edelmetallen gut beraten. Solltest du zu viel Geld haben und eine relativ sichere Anlagemöglichkeit haben wollen, bist du mit Edelmetallen gut beraten. Solltest du das schnelle Geld machen wollen, solltest du die Finger davonlassen. Generell gibt es viele Möglichkeiten sich Edelmetalle zu kaufen. Das geht heutzutage online oder du gehst zu einem Händler. Solltest du dir typische Edelmetalle, wie Gold oder Silber kaufen, ist davon auszugehen, dass diese im Wert über kurz oder lang auch steigen werden. Die Vorkommen auf der Erde sind begrenzt und sollte nicht ein Goldschürfer durch dummen Zufall auf ein riesiges Vorkommen stoßen, so sollte der Preis auch weiter steigen, da die Nachfrage größer ist, als das Angebot. Je nachdem, wie weit man die Diagramme zurückverfolgen will, kann man davon ausgehen, dass am Anfang der Wert eine Feinunze ca. 20 Dollar betragen hat. Momentan beträgt der Wert 2800 Dollar. Das ist immerhin eine beachtliche Wertsteigerung, aber weder du noch ich werden 150 Jahre alt. Geht man aber selbst von den letzten 24 Jahren aus, als der Goldpreis noch bei ca. 400 Dollar stand, wäre das ein Zugewinn von 700%. Das würde also bedeuten, dass, hättest du dir vor 24 Jahren deine 1.000€ in Gold angelegt, dann hättest du heutzutage 7.000€ Wert. Das hört sich prinzipiell nicht schlecht an, aber das liegt auch nur daran, dass der Goldpreis in den letzten Jahren noch einmal verstärkt gestiegen ist.

Bei Silber ist das nicht ganz so schlimm. Silber hat zu Beginn des 20. Jahrhunderts ca. 0,5 Dollar gekostet. Heutzutage bezahlt man dafür ca. 32 Dollar. Das ist ebenfalls eine beachtliche Steigerung, aber Silber unterliegt auch mehr Schwankungen, als Gold. Edelmetalle können natürlich auch in anderen Formen gekauft werden, bis hin zu Diamanten. Mit dem Kauf und dem Verwahren solcher Anlagen ergeben sich aber auch Probleme. Zum einen muss man es im Normalfall bei einem Händler holen und dort wieder einlösen, bevor man Geld bekommt. Zweitens, je nachdem, welches Edelmetall man sich kauft oder welche Steine, sind diese nicht sonderlich groß. Das bedeutet, das beispielsweise ein Goldring, der mal eben zwischen 2.000 und 5.000 Euro kosten kann, auch schnell verschwinden kann. Das muss man sich schon bewusst machen und gegebenenfalls Vorkehrungen treffen. Ich würde es aber dennoch nicht ausschließen.

Ein anderer viel bequemerer Weg sein Geld zu investieren ist digital. Digital kann man auch Gold und Silber kaufen. Das sollte an dieser Stelle gleich mit vermerkt sein. Es gibt hier verschiedene Optionen, bei denen man die Metalle entweder als Wertpapier kauft oder tatsächlich als Metall, dieses aber nicht ausgehändigt wird. Über die Sinnhaftigkeit darüber kann an dieser Stelle diskutiert werden, da die meisten Menschen Edelmetalle kaufen, weil sie etwas in der Hand haben wollen. Ich möchte mich aber nicht über die gegebenen Möglichkeiten beschweren, denn so kann sich jeder immerhin aussuchen, was er macht.

Digitale Investitionen kann man in vielen Bereichen ausüben. Das fängt an mit Staatsanleihen, über Kryptowährung, bis hin zu Aktien und Aktienfonds und vieles mehr.

Staatsanleihen kann man sich kaufen, wenn man ebenfalls viel Zeit und Geld hat, da das Geld hier meistens über einen Zeitraum von 10 Jahren und mehr angelegt ist. Die Rendite dabei ist eher mager. Dafür ist die Wahrscheinlichkeit relativ hoch, dass man hinterher sein Geld wieder bekommt.

Solltest du an die Börse gehen, kannst du dein Geld auch in hochspekulative Anleihen, Bonds oder Optionen stecken. Abgesehen davon, dass man dieses Unterfangen aber erst einmal verstehen muss, ist das sehr risikobehaftet. Diese Produkte sind Hebelprodukte, bei denen du dein Geld um ein Vielfaches vermehren kannst, aber genauso ins Minus rutschen kannst. Ob es das Risiko Wert ist, musst du selbst entscheiden. In jedem Fall musst du, wenn du so etwas machen möchtest einen Test bestehen. Das ist bei jedem Geldinstitut so, da sie Banken dich schützen wollen, damit du keine Dummheiten machst, mit Dingen, von denen du keine Ahnung hast. Diese Tests sind aber meisten nicht so schwer. Ich würde dir jedoch dringend davon abraten.

Bevor wir uns an der eigentlichen Börse weiter aufhalten, schauen wir uns kurz die, ich nenne sie einmal Finanzbörsen an. Finanzbörsen kann man so gesehen unterscheiden in Krypto Börsen, an denen digitale Münzen, so genannte Coins gehandelt werden und in normale

Börsen, an denen richtige Münzen, wie der Euro oder der Dollar gehandelt werden.

Was macht das generell für einen Sinn? Jede Währung hat Schwankungen in ihrem Wert basierend auf den Staatshaushalten. Ist der Staat nichts Wert, ist auch die Währung nichts Wert, so lässt sich das ganz vereinfacht sagen. Alles, was einen wirtschaftlichen Einfluss hat, hat im Normalfall zyklische Abläufe. Das bedeutet, dass sich das Verhalten des Wertgegenstandes wie eine Welle verhält. Mal ist sie da und mal ist sie weg. Dann kommt sie wieder, dann ist sie wieder weg. Wenn man dieses Prinzip einmal verinnerlicht hat, könnte man den Kursverlauf einer beliebigen Währung anschauen und prüfen, ob sie gerade wenig Wert ist oder viel. Wenn sie wenig Wert ist, dann könnte man sie kaufen und behält sie so lange, bis die Welle wieder da ist und der Wert gestiegen ist. Das kann sehr schnell gehen, das kann sich aber auch Wochen, Monate oder sogar Jahre hinziehen. Mit „sehr schnell" muss man dabei aber auch sagen, dass das von einer Sekunde auf die andere Sekunde passieren kann. Das Handeln von digitalen Investments, so genannte Assets, was innerhalb eines Tages passiert nennt man Daytrading. Es gibt viele Menschen, die dabei schon viel Geld gemacht haben, aber auch sehr viel Geld verloren haben. Ob du das probieren möchtest, liegt natürlich an dir. Wenn du meine Meinung wissen möchtest, dann würde ich dir empfehlen erst einmal Tests mit Spielgeld durchzuführen, das tut nicht so weh. Auf vielen Börsen kann man sich eine Simulation anlegen und stellt dann nach kurzer oder eben langer Zeit fest, ob das, was man sich gekauft hat, sinnvoll war oder nicht. Daran kann man wirklich gut üben, ohne das eigene Geld zu riskieren. Gerade, wenn du neu an der Börse bist, wird dich das ganze Hin und Her ein bisschen verwirren. Gerade, wenn du dein eigenes Geld investiert hast, dann schaust du jede Minute nach, wie der Stand ist. Das ist normal, aber dem kannst du wie gesagt entgegenwirken, wenn du erst einmal Spielgeld verwendest. Solltest du meinem Rat folgen und gute Erfahrungen gemacht haben, dann kannst du 1.000€ investieren und das als Spielgeld verwenden. Du solltest dir dann aber auch das Limit setzen, nicht mehr zu investieren. Sonst läufst du Gefahr, dass du schnell viel Geld verlieren kannst. In dem Abschnitt über Aktien erzähle ich dir dazu meine Erfahrungen.

Da die Erläuterung an dieser Stelle schon sehr nah bei den Einzelaktien ist, wollen wir den Bogen wieder zurück zu unseren Währungen schlagen. Wir nehmen kurz ein Beispiel zum besseren Verständnis. Würden alle Währungen einen gleichen Wert haben, dann würde es keinen Sinn machen sie zu handeln. Schauen wir uns beispielsweise eine der beliebtesten Vergleiche an, dann müssen wir auf den Wertunterschied zwischen Euro und Dollar schauen. Aktuell bekommt man für einen Euro beispielweise 1,03 Dollar. Das bedeutet beispielweise, dass wir uns hier auf einer Welle befinden würden, da wir mehr Dollar bekommen, als wir Euro reinstecken. Würden wir hier wieder unsere 1.000€ investieren und würden etwaig anfallende Kaufgebühren außer Acht lassen, dann würden wir für 1.000€ 1030$ bekommen. Nun müsstest du abwarten, bis sich das Verhältnis umdreht und der Euro weniger Wert wird, als der Dollar. Gehen wir zum Beispiel davon aus, dass man für einen Euro nur noch 0.95$ bekommt und du deine ursprünglichen 1.000€ investiert hattest, dann hättest du bei dem Verkauf 1.084€. Das bedeutet, dass du mit einer einfachen Transaktion, das bedeutet kaufen und verkaufen, 84€ Gewinn erzielt hast. Das wären in unseren Beispiel 8,4%. Das ist doch schon einmal nicht schlecht. Das ist deshalb nicht schlecht, weil du das theoretisch sehr oft am Tag machen könntest. Je nachdem, wie die Kurse laufen. Lass dich aber davon nicht täuschen, dass kann auch immer in die andere Richtung laufen.

Bei dem eben genannten Beispiel handelt es sich um die Möglichkeit mit echten Währungen zu handeln. Im Fachjargon wird das als Devisenhandel oder Englisch Foreign Exchange, kurz FOREX bezeichnet. Im Kleinen hast du das eventuell in der Vergangenheit auch schon hinter dir. Wenn du in den Urlaub gefahren bist und dein Reiseziel nicht die gleiche Währung hatte, wie das Land, aus dem du kommst, dann musstest du Geld umtauschen. Dann bist du meistens zu einer Wechselstube gegangen. Hast du dort den richtigen Zeitpunkt abgepasst, dann hast du hier ebenfalls erfolgreich gehandelt. Bei einer entsprechenden Onlineplattform ist das nichts anderes, nur dass das Geld digitale Zahlen sind.

Diesen ganzen Spaß gibt es auch mit digitalen Währungen, die an sich nicht echt sind. Das sind so genannte Coins. Diese Coins basieren auf Rechenmodellen, die völlig unterschiedliche Ziele und Hintergründe haben.

Manche davon ähneln unserem bekannten Hartgeld und Scheinen dahingehend, dass sie nicht endlich sind. Das bedeutet, wenn der Hersteller es will, wird einfach neues Geld gedruckt. In der Realität nennt man den Verfall des Geldwertes durch die Erhöhung der Gesamtsumme Inflation. Ob das bei Kryptowährung überhaupt wirklich ins Auge fällt, möchte ich bezweifeln. Zumindest nicht bei Anlegern, die nicht jede freie Minute ihre Zeit mit dem jeweiligen Coin beschäftigt sind. Es gibt aber auch Coins, die eine feste Anzahl haben und deren Aufteilung somit fix ist. Das bedeutet, wenn sie alle sind, können sie nur getauscht werden, wenn sie gekauft und verkauft werden. Das ähnelt dem Gold. Wenn es alle ist, kann auch nicht aus dem nichts welches erschaffen werden.

Es gibt Coins, die beispielsweise eine stabile Währung darstellen wollen oder auch welche, die einfach nur zum Spaß da sind. Du kannst dir diese Coins genauso kaufen, wie Aktien, Anleihen oder FOREX. Du kannst sie behalten oder wieder verkaufen. Es gibt hierfür viele unterschiedliche Krypto Börsen. Ich habe davon selber zwei Stück probiert. Die eine heißt Binance und die andere Bitpanda. An sich kann man die beiden Börsen meiner Meinung nach nicht miteinander vergleichen. Binance ist wesentlich komplexer mit viel mehr Börsendaten, als Bitpanda. Wenn man das machen möchte, muss man sich wirklich mit der Börse und dem ganzen System beschäftigen, dann ist das genau die richtige Plattform. Wenn man es einfach haben möchte, finde ich Bitpanda ideal. Der ganze Aufbau der App oder auch des

Websystems ist sehr übersichtlich und das Kaufen und Verkaufen ist denkbar einfach. Bei dieser Plattform hast du auch die Möglichkeit, dir sämtliche relevanten digitalen Assets zu kaufen, ob das ETFs, Einzelaktien, Metalle oder eben Coins sind.

Was bei den Kryptowährungen zu beachten ist, ist folgendes. Aktuell ist es noch so, dass, solltest du dir Kryptowährungen zulegen, du sie ein Jahr halten musst, dann kannst du sie steuerfrei veräußern. Ich gehe aber nicht davon aus, dass das so bleibt. Daher informiere dich vorher lieber, bevor du dir welche kaufst. Zweitens solltest du dir immer bewusst machen, dass es für Kryptowährungen ein personalisiertes Passwort gibt, wenn du dir diese von deiner Börse, bei der du sie gekauft hast in ein persönliches Wallet legst. Das kannst du dir so vorstellen, als wenn du Einkaufen gehst und bekommst an der Kasse Wechselgeld. Dieses Wechselgeld betrachten wir jetzt als die Coins, die du dir gekauft hast. Diese kannst du einfach in deiner Tasche lassen oder du tust sie dir in dein Portemonnaie, damit sie sicher sind und nicht wegkommen. Bei den Coins gibt es dafür so genannte Wallets. Das sind digitale Portemonnaies. Je nach Sicherheit des jeweiligen Anbieters bekommst du hier eine Aneinanderreihung von Wörtern, die 20, 30 oder mehr Wörter darstellen können und nichts miteinander zu tun haben. Diese Wörter, in genau der gleichen Schreibweise und Reihenfolge darfst du nie wegbringen, denn das ist der Schlüssel, um dein digitales Portemonnaie zu öffnen. Verlierst du diesen Schlüssel, hast du keinerlei

Möglichkeit wieder an dein Geld zu kommen, egal, ob du nur 10€ oder 10 Mio.€ in deinem Portemonnaie hast.

Wie du siehst, kann das also durchaus eine berechtigte Gefahr darstellen. Zudem kommt, dass dieses Wallet online oder offline sein kann. Das bedeutet, dass du dir dein Geld zum Beispiel auf einen USB-Stick speichern kannst. Nun stell dir aber einmal vor, dein USB-Stick kommt weg oder funktioniert nicht mehr. Na herzlichen Glückwunsch sage ich nur.

Generell musst du aber natürlich selber wissen, ob du das ausprobierst. Ich habe es ausprobiert, da ich es nicht mag über etwas zu reden, wovon ich selber keine Ahnung habe. Ich habe mir ungefähr 30 verschiedene Coins ausgesucht und habe zwischen 30 und 50€ in jeden investiert. Ich habe die Coins ca. 5 Jahre liegen lassen und mir deren Wertverlauf notiert. Ich habe mir viele unterschiedliche Sorten an Coins gekauft. Sowohl sehr bekannte, wie Bitcoin, als auch völlig unbekannte, die sich in einem Wertebereich fernab der Kommastelle befunden haben. Während es auch hier ist, wie ich es Eingangs beschrieben habe, dass es hier Wellen gibt, musste ich dennoch feststellen, dass die überwiegende Anzahl der Coins, die ich mir gekauft habe, einen negativen Verlauf an den Tag legten. Jetzt könnte man mutmaßen, dass der betrachtete Zeitraum dafür zu kurz gewesen ist. Das mag sein, aber ich will auch nicht 30 Jahre warten, bevor ich sehe, dass es irgendwo voran geht. Schaut man sich natürlich solche Coins, wie den Bitcoin an, so braucht man nichts weiter dazu zu sagen. Anfänglich hat ein

Bitcoin 0,08€ gekostet. Rechnen wir einmal unsere 1.000€ Investition, dann hätte man dafür 12.000 Bitcoin erhalten. Heutzutage kostet ein Bitcoin mehr als 100.000€. Das bedeutet, dass man mit einer Investition von 1.000€ nach 15 Jahren 1.250.000.000€ bekommen hätte. Das ist unschlagbar. Sowas weiß man aber vorher leider nie. Wie oft werden solche Dinge an der Börse versprochen und die Anleger in die Irre geleitet. Das ist ein bisschen, wie beim Lotto. Entweder man hat das Glück, oder nicht. Die letzte sinnvolle Investitionsmöglichkeit, meiner Meinung nach, für Bitcoin war übrigens während Corona. Da hat ein Bitcoin kurzzeitig um die 5.000€ gekostet. Hättest du dann 1.000€ investiert, dann hättest du heutzutage immerhin 20.000€.

Eine weitere Investitionsmöglichkeit sind Einzelaktien. In meinem Kapitel über meine Excelkenntnisse habe ich dir schon angedeutet, dass ich für Einzelaktien ein Programm geschrieben habe. Doch fangen wir erst einmal klein an. Was hat es denn mit Einzelaktien auf sich? Geht ein Unternehmen an die Börse, so wird ein Marktwert festgelegt. Diesen Marktwert bildet das Unternehmen an der Börse in Form von Aktien ab. Im Normalfall gibt es einen oder mehrere Hauptaktionäre und der Rest wird der ganzen Welt angeboten. Das bedeutet kurz gesagt, wenn du ausreichend viel Geld hättest, könntest du dir beispielsweise eine ausreichende Menge Aktien von Adidas kaufen und könntest dann selbst mitentscheiden, wie die Firma zu arbeiten hat, da dir Anteile dieser Firma gehören. Tatsächlich ist das rein rechtlich auch im Kleinen so. Du wirst aber nicht ernst genommen, wenn du 1.000€ oder 10.000€ investiert hast. Fakt bliebe aber, dass du Anteile der Firma hast.

So ist das im Prinzip mit allen Aktien. Du kaufst dir ein Stück eines Unternehmens und partizipierst an deren Gewinn oder Verlust. Das Problem daran ist nur, dass, solange du nicht im Vorstand sitzt, du keine Insiderinformationen hast, ob es zukünftig bergauf oder bergab geht. Auch bei Einzelaktien kann ich dir raten, dass wenn du damit noch keine Erfahrung haben solltest, du aber in dieses Metier einsteigen willst, du erst einmal mit Spielgeld anfängst. Einzelaktien sind genauso rätselhaft, wie alles, was an den Börsen gehandelt wird. Es gibt saisonale Schwankungen, es gibt kurzfristige Schwankungen, die auf irgendwelchen Nachrichten basieren oder es gibt Wetterschwankungen. Ja ernsthaft, ab und an kann man beobachten, dass das Kauf- und Verkaufsverhalten der Anleger auch darauf basiert, ob die Sonne scheint, oder nicht. Wichtig ist nur, dass du dich nie zu solchen Schwankungen hinreisen lässt. Jedes Unternehmen an der Börse hat fundamentale Daten und historische Daten. Bei den fundamentalen Daten handelt es sich um so genannte „hard facts". Das bedeutet, das sind Kennzahlen, die im wahrsten Sinne in Stein gemeißelt sind. Zumindest, wenn diese Zahlen nicht gefälscht sind. Es handelt sich hier um Zahlen, wie den Gewinn, die Verschuldung, den Umsatz und so weiter. All diese Zahlen kann man zu den jeweiligen Unternehmen auch auf verschiedenen Börsen nachlesen. Du kannst dir beispielsweise den Gefallen tun und suchst dir irgendein börsennotiertes Unternehmen aus. Dann schaust du auf

Onvista.de, dort findest du alle relevanten fundierten Unternehmenszahlen dazu. Das ist wirklich schön aufgebaut.

Anhand dieser Daten kannst du dir mit dem nötigen Wissen ermitteln, ob die Unternehmenszahlen für das ausgesuchte Unternehmen gut sind oder nicht. Bei meinem Excelprogramm, was ich dazu geschrieben habe wurden von allen großen Börsen die Unternehmen herausgesucht und die dazugehörigen Daten. Wenn du das Anhand eines Beispiels machst, verstehst du, wie viel Zeit du brauchst, um alle relevanten Daten in einer Exceltabelle zu ordnen. Das Programm hat das glücklicherweise automatisch gemacht und hat dafür schon fast einen Tag gebraucht, weil das Millionen von Daten sind.

Anschließend hat mein Programm eine automatische Auswertung vorgenommen und anhand von 9 Punkten die Unternehmen bewertet. Wenn das jeweilige Kriterium nicht erfüllt wurde, dann gab es einen Minuspunkt. Damit wurde die Anzahl der Unternehmen, die beispielsweise 6 und mehr Punkte erfüllt haben sehr übersichtlich. Anschließend konnte man sich aus der Liste der verbliebenen Unternehmen die heraussuchen, die für einen Kauf interessant gewesen sind. Das richtet sich unter anderen nach dem Kaufpreis der Aktie. Wenn wir von den 1.000€ ausgehen wollen, wäre es also ungünstig sich Aktien zu kaufen, die 200 oder 500 Euro kosten würden. Dann sind eher Aktien interessant, die 20 oder 50€ kosten.

Wenn du dir nun Aktien ausgesucht hast, dann gibt es verschiedene Optionen damit umzugehen. Du kannst sie täglich kaufen und verkaufen oder du lässt sie in deinem Depot liegen. Der tägliche Handel wird als Daytrading bezeichnet, wie das bei dem FOREX-Handel auch ist. Du kannst damit, wie gesagt, Geld verdienen, aber auch schnell verlieren. Was viele Leute dabei immer nicht beachten ist, dass sowohl der Einkauf, als auch der Verkauf Gebühren mit sich zieht. Je nachdem, an welcher Börse und über welche Plattform du dir die Aktien kaufst, entstehen hier unterschiedlich hohe Gebühren. Mit deutschen Banken würde ich zum Beispiel generell nicht anfangen. Auch an der Börse Frankfurt solltest du nach Möglichkeit nicht handeln, da dies eine der teuersten Börsen ist. Ich kann dir zum Beispiel die Plattform Degiro empfehlen. Hier hast du alles relativ übersichtlich und eine breite Auswahl an allen handelbaren Gütern. Wenn du dir beispielsweise über eine Amerikanische Börse Aktien kaufst, hast du meist Kauf- und Verkaufsgebühren von 0,50€. Handelst du beispielsweise in Deutschland an einer günstigen Börse, wie der Xetra, dann bezahlst du meistens um die 2,20€. Das richtet sich aber immer auch nach der jeweiligen Aktie. Wir rechnen hierzu zwei Beispiele. Dazu gehen wir zunächst davon aus, dass wir die Aktien ohne Gewinn und Verlust handeln, sondern einfach nur handeln, damit wir den Einfluss der Gebühren beobachten können. Würden wir uns also Aktien im Wert von 900€ kaufen und entscheiden uns diese mehrfach am Tag zu kaufen und zu verkaufen, dann entstehen bei jeder Transaktion einmal die oben genannten

Kosten. Bei Amerikanischen Aktien würden also 1€ Transaktionsgebühren entstehen und bei Aktien an einer deutschen Börse beispielsweise 4,40€ im günstigen Fall und 15€ in einen teureren Fall. Das bedeutet umgedreht, dass du mit den zu deinen 1.000€ verbliebenen 100€ 100-mal an einer Amerikanischen Börse traden könntest oder 22-mal an einer günstigen Deutschen oder 6-mal an einer teureren Deutschen. Du siehst, allein das macht einen riesigen Unterschied. Dieser Unterschied wirkt sich aber auch auf die Entwicklung der Aktie aus. Daytrading wird oft mit Pennystockaktien betrieben. Das sind Aktien, die weniger als 1€ oder Dollar kosten. Schauen wir uns hier die Beispiele mit der Investitionssumme von 900€ an. Gehen wir davon aus, dass du dir 900 Aktien zu 1€ kaufst. Dann musst du 900€ plus 1€ an einer Amerikanischen Börse, 4,40€ an einer günstigen Deutschen und 15€ an einer teuren Deutschen bezahlen.

Wenn du deine Aktien nun verkaufen möchtest, muss der Wert der Aktie so gestiegen sein, dass du mindestens mit plus minus Null aus dem Handel gehst, sonst hast du Verlust gemacht. Für den Amerikanischen Handel müsste deine Aktie folglich um 0,001€ steigen, also an Wert zunehmen, damit du deine Ausgaben wieder drinnen hast.

Bei der billigen Deutschen Börse müsste der Wert der Aktie um 0,0049€ steigen und bei der teuren um 0,17€.

Diese Zahlen klingen zunächst relativ wenig. Das liegt an der Menge, mit der wir gerechnet haben. Würdest du beispielsweise nur die Hälfte investieren, würde sich der Zielpreis verdoppeln. Wie du bei der teuren Deutschen Börse sehen kannst, sind das bei den eingesetzten 900€ bereits 17%, die die Aktie an Wert gewinnen müsste, damit du erst einmal auf null herauskommst. Das ist also relativ unwahrscheinlich. Wenn du nicht All In gehst und alles auf eine Karte setzt, dann sieht es vielleicht so aus, dass du dir für den Anfang beispielsweise 5 Aktien einer Firma kaufst, die 20€ kosten. Wenn wir das Beispiel mit den Transaktionskosten hier anwenden, müsste die Aktie an der Amerikanischen Börse 0,20€ steigen, an der billigen Deutschen 0,88€ und an der teuren sogar 3€. Damit hast du vielleicht ein besseres Gefühl, was es heißt, den Einfluss der Transaktionsgebühren im Auge zu behalten.

Man muss nun aber auch dazu sagen, dass dieses Beispiel eben für diejenigen ist, die ihr Glück mit dem täglichen Handel versuchen wollen. Das Problem, welches ich bei dem Einzelhandel der Aktien sehe ist, dass man sich zu leicht verleiten lässt. Zu oft werden Entscheidungen aus dem Bauch heraus getroffen, was in den meisten Fällen in einem falschen Ergebnis endet. Deswegen habe ich das damals in meinem Programm integriert, dass täglich nach Börsenschluss und auf Knopfdruck die historischen Daten von den von mir ausgesuchten Aktien aus dem Internet gezogen hat und diese ausgewertet hat. Auch das kannst du Anhand einer Aktie versuchen und wirst ebenfalls feststellen, dass das sehr zeitaufwändig ist. Ich brauchte mich dann nur an den Rechner setzen, fünf Minuten warten und habe genau gesagt bekommen, ob es sinnvoll ist, die Aktie zu behalten, zu kaufen oder zu verkaufen.

Leider durfte ich mein Programm aber nicht verkaufen, weil, warum auch immer, das Einholen oder downloaden der Daten aus dem Internet nicht erlaubt ist. Vielleicht hat da nur irgendjemand Angst, dass man mehr Geld verdient, als man verliert. Aber es sagt ja niemand, dass das im privaten Bereich nicht zulässig ist. Wenn du also so viel Engagement hast, kannst du dir ja selber solch ein Programm erstellen und das als Unterstützung nutzen. Ich habe mir damals ein paar Aktien in einer App gekauft, die die Börsenwerte verwendet, aber das Geld nur Spielgeld ist und ich möchte behaupten, dass über 90% der gekauften Aktien aktuell grün sind, also an Wert zugenommen haben. Dabei reden wir auch nicht nur von niedrigen Prozentzahlen, sondern von mindestens 50% und mehr.

Wenn du nun noch keine wirklichen Erfahrungen mit Aktien gesammelt hast, hat dich dieser Abschnitt vielleicht etwas durcheinandergebracht. Generell würde ich abschließend zu Aktien zusammenfassen, dass es also viele Möglichkeiten gibt, dass du dir von unterschiedlichsten Firmen Aktien kaufen kannst. Du hast dazu unterschiedliche Plattformen und Börsen zur Verfügung, wo du einfach schauen musst, was für dich am besten ist. Ich habe dir jetzt die Eckdaten genannt und gesagt, was du unter anderen beachten musst. Das sind natürlich nur kleine Ausschnitte. Zu diesen Themen gibt es unzählige Bücher, bei denen manche so viel Wissen enthalten, dass man Ewigkeiten braucht, um das zu verstehen.

Solltest du dich dennoch an das Thema wagen, kannst du dir auch gerne mein anderes Buch kaufen. Dort habe ich den Einstieg in den Aktienhandel meines Erachtens sehr verständlich im Detail geschildert. Das Buch heißt „Dein Einstig in den Aktienmarkt" und hat die ISBN 978-3-7504-1021-3.

Wie bei vielen Dingen muss man es einfach ausprobieren und dann selber die Entscheidung treffen, ob es das richtige für einen ist oder nicht. Solltest du dich dafür entscheiden Aktien zu kaufen und diese liegen zu lassen, hast du natürlich bedeutend weniger Aufwand, als wenn du sie ständig kaufst und verkaufst. Generell ist das jedenfalls eine gute Möglichkeit, mit wenig Geld anzufangen und dir Schritt für Schritt ein Vermögen aufzubauen. Einer der größten Vorteile im Allgemeinen bei den Anlagemöglichkeiten in diesem Kapitel ist aber der Zinseszinseffekt. Das bedeutet, dass sobald du dein Geld in einer der genannten Anlageklassen investierst, es normalerweise anfängt für dich zu arbeiten und du selber keine weitere Arbeit damit hast. Natürlich kann es bergauf und bergab gehen, aber wenn du dir die historischen Diagramme von verschiedenen Aktien anschaust, wirst du im Normalfall feststellen, dass es immer nach oben geht. An der normalen Börse, speziell beim DAX, sagt man im Normalfall ein Jährliches Wachstum von 8% kann als Durchschnitt angesehen werden. Leider wird in der Schule oder allgemein in der Bildung immer sehr wenig Wert auf genau solche Dinge gelegt. Kein Mensch auf der Welt ist in der Lage hier richtige Einschätzungen vorzunehmen. Wir können das an dir überprüfen. Was denkst du, wie viel Geld du nach 30 Jahren hast, wenn du einmalig 1.000€ anlegst und würdest jedes Jahr 8% Zinsen darauf bekommen? Davon ausgehen, dass du dir denken magst, dass du in einem Jahr 80€ bekommst, rechnest du vielleicht schnell im Kopf, dass du nach 30 Jahren dann etwas mehr als 2.400€ bekommen würdest, plus natürlich die 1.000€, die du investiert hast. Lass es uns überprüfen. Nach einem Jahr haben wir also 80€ Rendite und somit 1.080€. Nach 10 Jahren hättest du bereits 1.159€ nur Zinsen. Nach 20 Jahren hättest du bereits 3.661€ und nach 30 Jahren endest du bei 9.063€ plus deine angelegten 1.000€. Und wenn du dir überlegst, dass du dafür nichts gemacht hast, dann ist das doch wohl die beste Option, die du haben kannst oder? Jetzt kannst du gegebenenfalls sagen, dass du nicht so viel Geld hast, um es anzulegen. Nun überlege aber erst einmal genau, wofür du dein Geld ausgibst. Viele Menschen verschwenden ihr Geld durch sinnlose Geldausgaben, wie Kaffee und Brötchen, die sie sich auf den Weg zur Arbeit an der Tankstelle oder im Supermarkt holen. Musst du jeden Meter mit dem Auto fahren oder lohnt es sich vielleicht auch einfach einmal zu laufen? Hast du irgendwelche sinnlosen Abos, die du kündigen kannst? Es gibt so viele Möglichkeiten, sich Geld beiseite zu legen. Ich handhabe es beispielsweise so, dass ich mir generell jeden Monat einen festen Betrag gleich nach Erhalt meines Gehaltes abbuchen lasse. Das Geld ist einfach weg. Das war nie da. Allein, wenn du das tust, kannst du dir ein kleines Vermögen aufbauen. Ich möchte dir das kurz an den folgenden Beispielen erklären. Wir gehen weiterhin davon aus, dass du 1.000€ hast und nachdem du dieses Buch gelesen hast, entscheidest du dich jeden Monat ein bisschen Geld zur Seite zu legen. Wir nehmen jetzt, weil du noch vorsichtig bist, an, dass du einfach nur 50€ jeden Monat für die nächsten 30 Jahre mit einbezahlst. Dann hast du nach einem Jahr mit 8% bereits 1.706€. Nach 10 Jahren hast du 11.227€, nach 20 Jahren 33.308€ und nach 30 Jahren 80.978€. Jetzt kannst du dir überlegen, ob das nicht reizvoll ist. Nur, indem du jeden Monat 50 Euro beiseitegelegt hast, anstelle sie sinnlos auszugeben.

Wenn du natürlich noch mehr Geld zur Seite legen kannst, weißt du, was dich erwartet. Wichtig ist hierbei aber nicht nur die Summe von dem, was du anlegst, sondern auch in das, was du anlegst. Bei den Aktien gibt es, wie auch bei der Kryptowährung immer wieder einzelne Positionen, die auch komplett negativ ausgehen können. Dann musst du zwar hinterher nichts einbezahlen, aber das Geld wäre dann weg. Ich habe sowohl mit Pennystocks, als auch mit Einzelaktien schlechte Erfahrungen gesammelt. Daher habe ich mich vor 5 Jahren entschieden mein Hauptaugenmerk auf etwas anderes zu legen.

Ich investiere den größten Teil in ETFs. Das heißt ausgesprochen Exchange Traded Fund. Das bedeutet so viel, wie eine Ansammlung von Einzelaktien. Dabei gibt es zu sagen, dass es beispielsweise auch Fonds gibt. Laut Begriffsdefinition ist alles, was mehr als 5 Einzelaktien beinhaltet, wird im Finanzbereich als Fond bezeichnet. Das würde also auch bedeuten, dass wenn du dir mehr als 5 Einzelaktien kaufst und diese in deinem Portfolio beherbergst, dann hast du deinen eigenen Fond. In der Hinsicht würde das sogar stimmen, weil du selber der Chef über dein Portfolio bist und entscheidest, ob du es behältst, erweiterst, reduzierst oder einfach gar nichts machst. Damit bist du dein eigener Manager. Ein Fond wird auch von Banken aktiv gemanagt. Irgendjemand verwaltet das Geld von vielen Leuten und trifft Entscheidungen, die gut gehen können oder nicht. Letzten Endes kann es dem Verwalter egal sein, denn er bekommt so oder so seine Provision. Es wäre also wirklich das Dümmste, was du machen kannst, dein Geld in irgendwelche Fonds anzulegen. Wenn du beispielsweise 5% Bearbeitungsgebühr bezahlen musst, dann würden von den 8% nur noch 3% übrigbleiben. Dann kannst du dein Geld theoretisch auch als Tagesgeld anlegen und hast weniger Risiko.

Ich würde dir also definit davon abraten.

Im weitesten Sinne werden die ETFs aber auch als Fonds bezeichnet. Man sollte hier also ein bisschen aufpassen. Was ist aber nun der Unterschied? ETFs gibt es zu Hauf. Das ist bei Fonds auch der Fall, aber ETFs werden nicht aktiv gemanagt. Dementsprechend fallen hier keine hohen Kosten an. Du musst zwar auch eine Transaktionsgebühr bezahlen, aber das ist weniger als 1% von der

Summe, die du einbezahlst. Zumindest ist es bei den meisten so. Du solltest aber auch hier aufpassen, weil es im Internet viel Anbieter gibt, die dir trotzdem gerne das Geld aus der Tasche ziehen wollen. Ich kann dir beispielsweise die Comdirect-Bank empfehlen. Ich bin hier seit den fünf genannten Jahren und bin damit sehr zufrieden. Das Menü ist sehr übersichtlich, die Mitarbeiter sind rund um die Uhr erreichbar. Zudem ist die Auswahl der ETFs sehr groß und die Gebühren sehr niedrig. Du kannst natürlich auch zu einer Bank deiner Wahl gehen, aber dann wirst du im Vergleich feststellen, dass entweder das Angebot schlechter ist oder die Gebühren höher.

Was gibt es denn zu den ETFs zu sagen? ETFs bilden immer einen Index nach. Beispielsweise gibt es den DAX. Der DAX ist der größte Deutsche Aktien Index. Er beinhaltet 40 Firmen, von denen du dir auch Einzelaktien kaufen kannst. Du kannst dir aber auch auf den DAX eine Aktie kaufen. Dazu bräuchtest du aktuell knapp 21.500€. Das ist eine ganze Menge. Wenn du nicht so viel Geld hast, kannst du dir aber auch ein ETF vom DAX kaufen. Es gibt beispielsweise von der Firma iShares ein DAX ETF, welches man für vergleichsweise 179€ kaufen kann. Das Schöne an den ETFs ist, dass man sich aber auch nie ein ganzes kaufen muss. In den meisten Fällen gibt es eine Mindestsumme, die gekauft werden muss, was bei der Comdirect beispielsweise 25€ sind. In dem genannten Fall des DAX ETFs würdest du dann also nur 0,14 Anteile kaufen.

Wenn du dir ETFs kaufst, ist das eine Anlage, die du ebenfalls über einen gewissen Zeitraum behalten solltest. Es wäre also sinnlos diese mehrfach am Tag zu handeln. Wie groß dieser Zeitraum ist, hängt davon ab, welche Ziele du dir setzt. Es gibt ETFs, die eine eher niedrige Gewinnspanne haben, dir damit aber eine höhere Sicherheit bieten oder auch welche mit höheren Gewinnspannen und höheren Risiko.

Der DAX ETF hat beispielsweise eine niedrige Gewinnspanne mit ca. 8%. Dementsprechend ist das Risiko hier relativ niedrig. Auf 5 Jahre betrachtet kann man hier von 40-50% Gewinn ausgehen. Es gibt aber auch ETFs, die Gewinnspannen von 250% in 5 Jahren und mehr haben. Hier ist natürlich auch das Risiko größer. Außerdem gilt es zu beachten, dass es grundlegend zwei unterschiedliche Formen der ETFs gibt. Die eine Form ist thesaurierend, das bedeutet, dass die Gewinne, die über das Jahr erwirtschaftet werden, einbehalten werden und in den Folgejahren für dich weiterarbeiten.

Als zweite Option gibt es ausschüttende ETFs, die den Gewinn ausschütten. Das kannst du machen, wenn du beispielweise eine gewisse Summe angespart hast und möchtest dir jährlich von dem Gewinn einen Urlaub bezahlen lassen. Anderenfalls hat das meines Erachtens keinen Sinn. Sobald du Investments, wie Aktien, Fonds, ETFs und co. Verkaufst, musst du 25% vom Gewinn versteuern. Das bedeutet, wenn du 1.000€ eingezahlt hast und hättest deine ersten 1.000€ Gewinn gemacht, sodass du in Summe 2.000€ hättest, dann musst du 250€

an Steuern bezahlen und hättest dann nur noch 1.750€ übrig. Das hört sich generell erst einmal viel an, was ich auch nicht abstreiten möchte, aber es ist alle Male besser, als die über 40%, die du von deinem Gehalt abgeben musst.

Nun möchte ich dir noch kurz erklären, was es mit einem ETF auf sich hat und warum dieser besser als eine Einzelaktie ist. Ein ETF ist ein Index oder zumindest ein Abbild davon. Das bedeutet, wir haben Beispielsweise den DAX mit seinen 40 Einzelaktien. Es könnte nun einen ETF geben, der ebenfalls anteilig die 40 Einzelaktien in seinem Portfolio hat. Das wäre eine eins zu eins Abbildung des Originalindex. Die Experten sprechen hier von einer physischen Replikation. Sollte der Index den Dax aber nicht eins zu eins abbilden, sondern nur zu 90% und die restlichen 10% mit anderen Aktien, so wäre dies eine synthetische Replikation. Damit hat der ETF ein bisschen mehr Spielraum. Das sehe ich aber nicht als nachteilig an. Wichtiger für dich ist das vorangegangene Thema mit der Thesaurierung.

Ein ETF bildet also einen Index nach. Es gibt wahrscheinlich von allen Indizes, die es auf der Welt gibt auch einen ETF. Warum ist das aber nun besser, als eine Einzelaktie. Ich nenne dir wieder ein Beispiel, welches ich selber miterleben durfte. Als ich angefangen habe, an der Börse zu investieren, habe ich regelmäßig Ausschau nach Aktien gehalten, in die es sich lohnen könnte zu investieren. Eine dieser Aktien war Wirecard. Ich habe das Geschehen beobachtet und habe zu verschiedenen Zeitpunkten investiert. Ich habe damals über 1.000€ investiert, bis die Firma im Endeffekt Bankrott gegangen ist. Das Unternehmen war ebenfalls im DAX vertreten. Hätte ich die 1.000€ aber in einen DAX ETF gesteckt, hätte ich es gar nicht gemerkt, dass das Unternehmen Bankrott gegangen ist, wenn ich die Nachrichten nicht gehört hätte oder ständig in mein Portfolio geschaut hätte. Dann wäre der Wert meiner 1.000€ kurz gesunken und danach wieder gestiegen. Mit der Investition in die Einzelaktie habe ich meine 1.000€ verloren.

Du hast also generell ein viel niedrigeres Risiko mit einem ETF, als mit einer Einzelaktie. Ich habe mir beispielsweise ETFs vom Dow Jones und vom NASDAQ gekauft und einen von der ganzen Welt. Wenn diese also fallen, also richtig fallen, sodass ich mir Gedanken machen müsste, dann ist aber wahrscheinlich auch der Zeitpunkt gekommen, wo ich mir über ganz andere Sachen Gedanken machen muss. Die von mir ausgewählten ETFs haben eine auf 5 Jahre gesehene Gewinnspanne von über 250%. Das sind pro Jahr also ca. 50%. Ich habe meine Ziele niedrig angesetzt und mit 20% Minimum geplant.

Das sind alles sehr große Zahlen, die die meisten Menschen sowieso nicht glauben, aber ich führe dazu seit 5 Jahren eine Exceltabelle, in der ich jeden Monat meine Zahlen eintrage. Wenn wir uns mit diesen Zahlen nun wieder das Beispiel von vorhin anschauen, kannst du gerne erneut dein Glück probieren und schätzen, was du jeweils an Gewinn hättest. Ich wette, du liegst weit daneben.

Ich möchte an dieser Stelle anmerken, dass ich aktuell zwar über die 20% tatsächlich gekommen bin und mich bei 23% bewege, aber der Zustand vor Corona und dem Ukrainekrieg 35% war.

Betrachten wir also zunächst das erste Beispiel, bei dem wir gesagt haben, wir legen 1.000€ an und geben nichts weiter dazu. Mit 23% wäre das nach 10 Jahren 6.926€, nach 20 Jahren 62.821€ und nach 30 Jahren 497.913€. Bist du geschockt? Einmal 1.000€ angelegt und nach 30 Jahren fast eine halbe Million Euro an Rendite erhalten, ohne etwas dafür zu tun. Wäre dann die Frage, warum man überhaupt arbeiten geht oder?

Als nächstes Beispiel schauen wir uns das Beispiel an, wenn du am Anfang die 1.000€ investierst und jeden Monat 50€ dazu sparst. Du hättest dann nach 10 Jahren schon 33.048€, nach 20 Jahren 345.821€ und nach 30 Jahren 3.398.307€.

Juhuu… da ist sie endlich. Unsere Million. Naja gut, zumindest erst einmal theoretisch, aber dafür im Prinzip ohne Arbeit, aber mit viel Zeit und ein bisschen Glück.

Der Vollständigkeit halber möchte ich dir dennoch die Beispiele mit den 35% zeigen, damit du einmal den Unterschied siehst, der nicht unrealistisch ist.

Also Beispiel 1 mit 1.000€ einmaliger Anlage würde nach 10 Jahren 20.107€, nach 20 Jahren 404.274€ und nach 30 Jahren 8.128.550€ ergeben. Wie du siehst, werden unsere Zahlen ganz schnell viel größer. Das gefällt mir. Also probieren wir die ganze Sache noch final mit dem

Beispiel 2 aus, bei dem du zu den 1.000€ noch jeden Monat 50€ gibst. Dann hast du nach 10 Jahren 85.306€, nach 20 Jahren 2.740.780€ und nach 30 Jahren 86.383.385€.

Das sind tatsächlich keine ausgedachten Zahlen, sondern sie sind berechnet mit genannten Faktoren. Sicherlich wirst du nirgends auf einer normalen Bank solche Zinsen bekommen, aber dafür hast du die Möglichkeit an die Börse zu gehen. Deswegen habe ich das Kapitel auch als Gelddruckmaschine bezeichnet, weil du jetzt verstehen kannst, dass es theoretisch doch recht einfach sein kann. Mein Problem bei der ganzen Thematik ist nur die Zeit. Die Zeit ist in diesem Fall aber das entscheidende Kriterium. Du hast gesehen, dass selbst im letzten Beispiel nach 10 Jahren erst 85.000€ vorhanden wären. Das ist sicherlich schön, aber was macht man mit 85.000€? Aufhören zu arbeiten kannst du damit nicht. Was können wir also machen? Idealerweise die Menge an Geld, was wir investieren entsprechend erhöhen. Da sind wir aber wieder zurück bei den restlichen Punkten dieses Buches, wo wir etwas finden müssen, was uns nach Möglichkeit kein Geld kostet, aber viel einbringt.

9. INFLUENCER

Ich möchte dir an dieser Stelle, auch wenn es noch nicht das Ende vom Buch ist, meinen wahrscheinlich letzten Versuch vorstellen, mit dem ich probiere, den Weg zur Million zu finden.

Heutzutage gibt es viele Onlineplattformen, auf denen sich Menschen darstellen können. Manche machen das tatsächlich mit sich selber, manche imitieren andere oder verwenden deren Material. Auf Kanälen, wie YouTube, Instagram, TikTok und co. hat man so viele Möglichkeiten im Internet aufzutreten, dass es eigentlich schon zu viele sind. Dennoch gibt es genügend Talente, die mit diesen Medien Geld verdienen. Ob man dazu nun ein Talent benötigt oder nicht, liegt aber nicht im Betracht dessen, der vor der Kamera steht, sondern an den Leuten, die ihn zuschauen. Eines meiner Hobbys ist die Herstellung von Lebensmitteln. Damit habe ich bereits versucht einen Blog zu starten, was mir leider nicht gelungen ist. Zu dieser Zeit hat sich aber auch die ganze Thematik um YouTube entwickelt. Ich wollte damals schon Filme über die Herstellung des Essens drehen. Natürlich war es wie immer, wenn man irgendeine Idee hat, dann winken es alle ab. Würde man weniger auf solche Leute hören, würde sich an der einen oder anderen Stelle bestimmt auch eine Gelegenheit ergeben, mit der man Geld verdienen kann. Ich habe damals leider keine Videos gemacht und bin dementsprechend heute leider weder berühmt, noch reich. Wie du aber feststellen konntest, höre ich nicht auf etwas zu probieren. Dementsprechend bin ich, wenn auch erst relativ spät, dennoch vor die Kamera getreten und habe mein Vorhaben umgesetzt. Seit 2024 produziere ich auch Videos für YouTube, mit der Intention den Zuschauern einen Mehrwert zu bieten, in dem ich ihnen verschiedene Dinge erkläre und sie damit auch etwas lernen. Ob und wie mich das auf den Weg zur Million voranbringt, kann ich derzeit noch gar nicht beantworten. Ich freue mich zumindest, dass ich, egal wie, einen Mehrwert präsentieren kann und den Leuten, die sich tatsächlich dafür interessieren, etwas beibringen kann und wenn später dabei noch Geld verdient werden kann, dann habe ich genau das gefunden, was mir Spaß macht. Dann könnte ich auch das erste Mal in meinem Leben sagen, dass ich Spaß daran habe, für mein Geld zu arbeiten.

Ob das klappt, kann ich derzeit nicht sagen. 2024 habe ich mit Videos zu der Renovierung unseres Hauses angefangen. Das ist eine Nische, in der es vielleicht nicht so viele Interessenten gibt. Dennoch habe ich als Nobody innerhalb eines Jahres über 50.000 Zuschauer erreichen können. In meinem zweiten Jahr habe ich angefangen und die Bereiche Lebensmittelherstellung und Gartenarbeit einzuführen. Dabei bin ich gespannt, wie sich die Zuschauerzahlen verändern. Gerade im Bereich der Lebensmittelherstellung habe ich trotz der großen Konkurrenz dennoch die Hoffnung, dass ich bedeutend mehr Menschen erreichen kann. Was kann man dann aber für Geld verdienen? So wirklich findet man dazu nichts und selbst YouTube äußert sich dazu nicht. Ich denke aber, dass das an dem Verhalten der Zuschauer und der gegebenen

Möglichkeiten liegt. Ich habe beispielsweise bei den Renovierungsvideos für die Zuschauer per Affiliatelink die benötigten Werkzeuge mit angegeben. Sollte sich jemand darüber einen Artikel kaufen, erhält man eine geringe Provision. Das lohnt sich natürlich nicht im kleinen Maß, in dem ich mich jetzt bewege. Sollten sich aber beispielsweise 1 Mio. Menschen solch ein Video anschauen und nur 1% sollte sich etwas kaufen, und man würde damit 0,01€ verdienen, dann würde man pro Video 100€ verdienen. Das würde oftmals den Aufwand nicht rechtfertigen, aber es wäre immerhin besser als nichts. Ich lasse mich überraschen, wie sich das ganze entwickelt und werde dann entscheiden, ob ich das weiter mache oder nicht. Letzten Endes werde ich wahrscheinlich zusätzlich Kochkurse Zuhause anbieten, da ich denke, dass dafür das Interesse dennoch groß genug ist. Aber auch das werde ich sehen. Vielleicht passiert mir auch irgendwann etwas dummes, was die Leute total witzig finden und ich bin über Nacht berühmt. Solltest du jedenfalls irgendwelche Ambitionen haben, so etwas ebenfalls zu tun, dann würde ich dir nur empfehlen, es zu probieren. Letzten Endes kostet es dich nichts und es wird dir genauso ergehen, wie mir. Entweder es klappt oder es klappt nicht.

Nun sind wir am Ende unserer Reise angekommen. Das ist das letzte Kapitel. Du kennst das vielleicht aus anderen Büchern, die dir etwas versprechen, du kaufst sie und bist total gespannt auf den Inhalt, in der Hoffnung hinterher schlauer zu sein und dann stellst du enttäuscht fest, dass es nichts gebracht hat und du gegebenenfalls sinnlos Geld ausgegeben hast und deine Zeit mit Lesen verschwendet hast. Ich hoffe natürlich, dass das Anhand meiner Beispiele in diesem Buch nicht der Fall ist. Natürlich musste auch ich versuchen die eine oder andere Seite zu füllen, das merkst du alleine an der Seitenanzahl, aber das gehört eben dazu. Wenn ich alles viel knapper geschrieben hätte und das Buch nur 50 Seiten gehabt hätte, dann hättest du es dir mit Sicherheit nicht gekauft. Selbst mit dieser Anzahl an Seiten gehe ich davon aus, dass das Buch für viele Menschen nicht attraktiv genug ist, weil sie denken, dass es nichts Sinnvolles sein kann, wenn nicht mindestens 180 oder 200 Seiten vollgeschrieben sind. Ich will zu dem Thema Bücher aber vorher noch ein paar Anmerkungen machen, bevor wir zum eigentlichen Punkt kommen. Solltest du auf die Idee kommen ebenfalls ein Buch zu verfassen, dann probiere es ruhig. Heutzutage gibt es viele Möglichkeiten der Veröffentlichung. Ich werde auch dieses Buch über den Anbieter BOD.de anbieten. Dann habe ich keine Arbeit und außer dem Anlegen des Buches keine weiteren Kosten. Natürlich will der Anbieter auch einen Teil der Kosten haben, der zugegeben nicht gerade gering ist, dennoch habe ich primär nur den Aufwand damit das Buch zu schreiben und mich um den Einband zu kümmern. Ich habe dir dazu in den vergangenen Kapiteln bereits die Seite Fiverr.com empfohlen. Hier werde ich ebenfalls das Cover des Buches herstellen lassen. Ich finde das wirklich eine gute Möglichkeit, dass man selber Geld sparen kann und die Menschen in Fernost freuen sich, dass sie für ihre Verhältnisse viel Geld verdienen. Du kannst dort aber nicht nur Cover erstellen lassen. Auch wenn das etwas teurer wird, kannst du dir auf dieser Plattform von den Anbietern beispielsweise Bücher schreiben lassen. Das geht natürlich auch in Deutschland, aber da kostet dich ein Buch sehr viel Geld, wenn du es schreiben lässt. Unabhängig davon musst du aber auch bei Fiverr mehrere hundert Euro einplanen, wenn du dir eines schreiben lassen willst. Ich habe das noch nicht probiert und werde es auch nicht, weil ich nicht denke, dass dabei etwas sinnvolles herauskommt. Unabhängig, ob du ein Freigeist bist oder nicht, aber wenn es so wäre, würdest du mir sicherlich auch kein Buch schreiben können, wenn ich dir irgendein Thema sage. Da kann nichts Sinnvolles herauskommen. Ich habe leider auch schon solche Bücher bei Amazon erworben, bei denen ich hinterher festgestellt habe, dass ich mir das Geld lieber hätte sparen sollen, oder wie wir im vergangenen Kapitel gelernt haben, lieber investieren sollen.

Ich habe in der Vergangenheit auch schon ein Buch geschrieben. Genau genommen eigentlich mehr, aber eines davon biete ich nicht weiter zum Verkauf und das andere wird von einem Vertrag angeboten und wird wahrscheinlich niemanden interessieren, weil es sich dabei um meine Abschlussarbeit vom Studium handelt und dieses Thema zu fachspezifisch ist.

In dem Buch, was ich aber veröffentlich habe, geht es um den Aktienhandel und wie man dort einsteigt. Ich habe das Buch so einfach geschrieben, dass es eigentlich jeder verstehen sollte, der mit der Thematik bisher noch keine Berührung hatte. Leider ist dieses Buch, genauso, wie dieses hier, wieder relativ spezifisch, was die Anzahl der Leser stark reduziert. Ich kann dir leider nicht sagen, wie viele ich von dem anderen Buch verkauft habe, aber viele waren es definitiv nicht. Ich hoffe jedenfalls, dass es sich hiermit anders verhält. Wenn du solch ein Buch schreibst, solltest du dir von Anfang an überlegen, in welchem Format du das Buch später veröffentlichen willst. Wenn du das alles selber machen willst, kann ich dir versprechen, dass du mit der Umformatierung viel Spaß haben wirst. Solltest du das Buch beispielsweise zusätzlich bei Amazon anbieten, gelten dort wieder andere Vorschriften. Dann darfst du dir die ganze Arbeit noch einmal neu machen. Gepriesen seien an dieser Stelle die E-Books. Da hat man die Arbeit nur einmal und man ist fertig.

Mein Aktienbuch war natürlich ein weiterer Versuch Geld zu verdienen. Dieses Buch hat 180 Seiten und 41 Farbabbildungen. Es kostet im Laden 16,95€. Wenn ich nun einen Preisvergleich auf BOD.de durchführe, dann würde ich mit diesem Buch im Laden 2,34€ verdienen. Ich finde die Verkaufspreise dafür nicht zu viel. Natürlich weiß der Leser vorher nicht, was ihm erwartet, aber ein vergleichbares Buch, zugegeben mit wesentlich mehr Seiten, kostet schnell 30-50€. Daher wäre ich eigentlich davon ausgegangen, dass die Anzahl der verkauften Exemplare höher ausfällt.

Warum habe ich aber nun dieses Buch geschrieben?

Ich habe mir ein Buch zur Herstellung von Wildwurst gekauft. Generell mag ich Kochbücher verschiedener Arten, weil man sich immer Anregungen holen kann. Ich habe mir das Buch angeschaut und wie das bei allen Büchern dieser Art ist, hat man am Anfang einen relativ langen theoretischen Teil über Werkzeug und Zubehör, was man zu der Herstellung von Wurst benötigt und an der einen oder anderen Stelle einen Hinweis, wie das gemacht wird. Der weitaus kleinere Teil beschränkt sich auf die Rezepte. Beim Durchlesen des Buches habe ich mir keine weiteren Gedanken gemacht, aber eines hat mich offensichtlich irritiert. Auf dem Cover war ein Aufkleber mit dem Hinweis, dass der Autor mehr als 300.000 Exemplare davon verkauft hat. Beim besten Willen kann ich das nicht so richtig glauben. Wenn wir uns einmal auf Deutschland beschränken wollen, dann haben wir 84 Millionen Menschen. Laut statistischem Bundesamt sind davon 14 Mio. Kinder. Die Kommazahlen lasse ich an dieser Stelle außen vor. Damit bleiben also 70 Mio. Menschen übrig. Weiterhin gibt es mittlerweile rund 12% Menschen, die sich nicht mehr von Fleisch ernähren. 12% von 70 Mio. sind 8 Mio.. Damit bleiben noch 62 Mio. übrig. Ich will hier nicht noch tiefer in die Thematik gehen, was man alles ausschließen könnte, welche Menschen sich dieses Buch noch nicht holen würden. Wenn wir aber nun die 62 Mio. durch 300.000 rechnen, dann hätte jeder 207. Bürger dieses Landes dieses Buch gekauft. Ganz ehrlich, da glaube ich nie im Leben dran. Wir reden hier nicht von einer Illustrierten mit schönen Frauen oder einer Bierwerbung. Wir reden immer noch von einem Buch über die Verarbeitung von Wildfleisch.

Leider gibt es die Buchgröße des besagten Buches nicht bei BOD, daher nehme ich einfach das nächstgelegene Format. Dieses Buch hat 120 Seiten und da ich nicht finde, wie viele Farbseiten es hat, nehme ich aktuell einfach 50 Stück an. Das Buch wird für 14,99€ verkauft. Dann würde bei BOD.de ein Gewinn von 1,59€ pro Buch herauskommen. Das bedeutet im Umkehrschluss, dass, wenn der Autor tatsächlich so viele Bücher verkauft hätte und den angegeben Gewinn erzielt hätte, dann hätte er 477.000€ Euro damit eingenommen.

Auch, wenn das noch nicht die Million ist, so kann man mit fast einer halben Million schon sehr viel anstellen. Wenn wir uns beispielsweise einmal auf die ETFs oder sonstigen anderen digitalen Investments beziehen, dann wären das bei 8% durchschnittlicher Rendite der Börse nach 10 Jahren schon 1.029.807€. Bei den 23% wären es 3.780.676€ und bei den 35% schon 9.590.827€. Von den Summen auf 20 oder 30 Jahre ganz zu schweigen. Basierend auf diesen Tatsachen habe ich in Erwägung gezogen ebenfalls ein neues Buch zu verfassen. Die

Überlegung dabei war natürlich als erstes, mit welchem Inhalt ich das Buch füllen kann, denn es sollte nicht einfach nur sinnlos sein. Das kann man sich in der heutigen Zeit auch nicht mehr leisten, da über die Rezensionen der Produkte auch viele Meinungen gebildet werden. Ein ähnliches Buch über die Verarbeitung von Lebensmitteln könnte ich zwar auch schreiben, was ich vielleicht irgendwann noch tue, aber ich würde das wahrscheinlich nicht so aufbauen, wie viele andere Bücher, in denen die Hälfte und mehr mit Erklärungen zugebracht wird. Ich habe mich letzten Endes dafür entschieden, dir meine Versuche zu schildern, mit denen ich versucht habe, an Geld zu kommen und idealerweise die Million zu erreichen. Wie du gemerkt hast, haben die meisten davon leider nicht funktioniert. Das kann an meiner Fähigkeit oder den Rahmenumständen liegen. Entscheidend bei allen war und bleibt für mich weiterhin, dass ich nach Möglichkeit so wenig Geld, wie möglich für irgendwelche Versuche ausgeben möchte. Vielleicht liegt es auch daran. Vielleicht muss man gerade heutzutage viel mehr Geld in Werbung stecken. Bei meinem YouTube Kanal handhabe ich es dieses Mal zumindest so. Wenn du hier Werbung schaltest, werden deine Videos mehr Zuschauern angezeigt. Damit steigen deine Followerzahlen und du erhältst zukünftig automatisch mehr Aufrufe. Aber auch hier wird sich zeigen, wie es sich entwickelt. Ich denke also, dass das Buch nicht völlig sinnlos gewesen ist und du dir einige Inspirationen oder Denkanstöße holen konntest. Es reicht ja schon aus, wenn du nur eine Kleinigkeit anders machst und damit eventuell Erfolg hast.

Warum habe ich aber nun das Buch so genannt und das Cover entsprechend so gewählt. Wenn ich nach den Berechnungen von BOD.de gehe, dann würde das Buch 39€ zur Veröffentlichung kosten. Das sind einmalige Kosten, damit das Buch in die Datenbank aufgenommen wird. Ich habe mir das Format 12x19cm ausgesucht, damit ich auf über 100 Seiten komme, denn sonst würde der potentielle Leser sich vor dem Kauf die Frage stellen, ob es sinnvoll ist, wenn das Buch so wenig Seiten hat. Mit über 100 Seiten wirkt es einfach attraktiver. Ich habe das Buch bewusst schlicht gehalten, das bedeutet, dass ich keine Tabellen eingefügt habe oder Bilder, bis auf das Bild vom Mindmap am Anfang. Damit ist das Buch für dich als Leser so günstig wie möglich, da sich mit Tabellen und Diagrammen die Seitenzahl beträchtlich geändert hätte. Der Hinweis mit den 500.000 verkauften Exemplaren dient bei dem Cover nicht als Angabe, wie viele Bücher schon verkauft wurden, sondern als Zielstellung, um die eine Million Euro zu erreichen. Mit jedem verkauften Buch sollten sich also 2€ Einnahmen verbuchen lassen. Diese Zahl ist für mich aber genauso unrealistisch, wie die 300.000 Exemplare von dem Wildbuch. Dennoch hat es mich nicht losgelassen, diesen Versuch zu wagen. In dem Moment, wo du dir dieses Buch gekauft hast, hast du dich jedenfalls ein kleines Stück an diesem Weg beteiligt, wofür ich dir sehr dankbar bin.

Da dieses Buch im Endeffekt ebenfalls wieder ein Nischenthema behandelt, gehe ich aber nicht davon aus, dass wir jemals die 500.000 Exemplare erreichen. Wenn das so wäre, dann würde ich wahrscheinlich aus zweierlei Gründen vor Freude im Kreis springen. Erstens natürlich, weil ich dann endlich Millionär wäre und zweitens, wenn wir uns die Leserzahlen noch einmal anschauen und davon ausgehen, dass wir 70 Millionen potentielle Leser hätten, dann müsste jeder 140. Mensch in Deutschland dieses Buch besitzen. Laut statistischem Bundesamt gibt es rund 12 Mio. Familien in Deutschland. Das bedeutet, jede 24. Familie müsste beispielsweise dieses Buch haben. Das ist, wie gesagt, schon sehr unrealistisch. Wenn es so wäre, würde ich mich aber dahingehend freuen, dass offensichtlich das Interesse, sich finanziell weiter zu entwickeln, schlagartig in der Bevölkerung gestiegen wäre.

Ich wünsche dir auf deinem Weg auf jeden Fall alles Gute und drücke dir die Daumen, dass du Erfolg hast.